プロローグ † 真の目覚めへの道しるべとして

私は前々作の『ヘミシンクで起きた驚愕の「前世体験」』（ビジネス社）で、今こういう本を書いている自分が実際に目覚め始めた時、どのようなことがどういう順番で起こり、どのような体験を経て自分が変化していったのかを同時進行形のレポートで書きました。それは今まで自分が本で読んだことも聞いたこともないような、まさに「驚愕」の体験でしたが、その一連の出来事は自分にとっては、どうも単なる序章だったようです。その後、ひょんなことから私は自分のオリジナルなワークを主催させていただくようになり、数年後にはワークから得た体験を元に次の本も出させていただくようになりました。

今になって振り返ってみれば、ついこの間までこういう世界についてはまったくの素人だった私が、本を出し自分のワークをするなど当時は全然想像も出来ないことでした。

ですから、未だにこうやって3冊目の本を書き未知の体験を重ねながらワークをしている自分というものが、本当は頭がおかしくなっていて長い白昼夢を見ているのではないかという錯覚に襲われることが時々あります。

しかし、どうも周りの状況の現実感から捉えて見ると、私は私としてしっかりと正気であるようですし、一応は普通に物事を考えられているようです。そのため、これは起こるべくして起こった変化であり、この変化というものを起こしたのは何よりも「自分」のはずですから、それは受け入れていいのだろうと思うようにしています。

今まで私は、「自分」という存在は目に見えている肉体の「自分」だけがすべてであると思い込んでいました。しかし、その常識が崩れた今、私の中から湧き上がってくる新たな「ひらめき」が顕在意識の私を突き上げ、より意識を広げ自分に今起こっていることを素直に受け入れることが私の魂の成長には欠かせないことであると主張するのです。

どうも私には、自分の中に「広大な自分」というものがいて、その「広大な自分」は「私」という顕在意識と合体を望んでいるようです。つまり、これが始まったが故に、私の運命は今までからは考えられないような世界にぶっ飛び出したということなのでしょう。

しかし、ぶっ飛ぶとは言え、私自身はスピリチュアルとは無縁の外資系製薬会社という科学的な理論を重視した仕事に長年就いていた経験があるため、まともな考え方が嫌でも身に沁みついています。そのため一部の「スピな人」が語る地に足のついていないふわふわした妄想話には到底付いてはいけない部分もあるのです。

いずれにしても私は、導かれるままに先ほど書いた自分のオリジナルワーク（モノリスワーク）を主催するようになり、そのワークを通じてスピリチュアルに関心を持ったくさんの一般の人たちや、プロと呼ばれる人たちとも豊富に交流を持たせていただけるようになりました。

それらの体験をもとに前作『はじめてのチャネリング』（ビジネス社）が書けたわけですが、この本は私自身がスピリチュアルの世界で感覚が目覚め始めた時、一体どうしたらいいのかが分からなかった経験から生まれました。

つまり、目覚め始めた当初の私はその感覚をどう受け止めていいのかが分からず、必死にいろいろな本を読みました。しかし、別世界のことを延々と書いている本や、一般とはかけ離れた独自の世界観で書かれた本が多く、実践的なものが見当たらなかったため、暗中模索の状況が続き大変苦労をしたのです。

ですから、これから目覚めが始まるであろう人をサポートすることが出来ればと思い、肉体的な感覚の変化や、チャネリングと妄想の関係、そして意識の向上を図る際に大事にしたい基本的な姿勢等についてガイドブック的な気持ちで書かせていただいたのが前作『はじめてのチャネリング』です。

スピリチュアルの世界についてまったくの素人だった私は、ワークを通じてこの世界で人間関係に揉まれ、トラブルも含めた数々の体験をさせていただきました。しかし改めてこれらの過程を顧みてみると、このようにたくさんの経験値を積むことが出来たという流れそのものが、私に浮ついた「スピ」ではなく、地に足のついた現実的でスピリチュアルな自分を成長させるために用意されてきた、エクササイズであったように思えてならないのです。

現在、このスピリチュアルの世界ではさまざまな話や予言めいたもの、またさまざまなヒーリングや技法が、現れては消え、消えては現れています。そしてその度にたくさんの人が本を買ったりセミナーに参加したりして、ひとつの大きなスピリチュアル市場というものが形成されているように思います。

しかし、目覚めというものはテクニックで得られるものではなく、むしろ「意識のありかた」が最も大事なのです。ですから、その「意識のありかた」をないがしろにして変化を期待するということは、コンパスを持たずに未知の大海に船出するようなものなので、このような状況は、危なっかしいことであると私は思っています。

今回のこの本では、これから本格的に目覚めの時代が来るにあたり、今現在たくさんある枝葉の部分の話ではなく、おぼろげになっている肝心の幹の部分の話をしっかりと説明し、目覚めの過程にあるさまざまな状態や陥りやすい闇の誘惑等を明らかにしたいと考えています。そしてそれが、地に足のついた向上のサポートに繋がれば私としては大変嬉しく思います。

なお、この手の本、つまり闇についてそれを解明する本を書いていると、逆に私自身の中にある闇……つまり傲慢やエゴ、弱さや逃避、自己憐憫や自分が抱えているブロックの感情的な反応等、さまざまな自分の中のネガティブな意識を刺激することにもなります。そのため、それらがこの本の完成度を下げ、道をそらせようと蠢き始めます。

それらに自分が誘導されてしまうことなく、出来る限り誠実な姿勢で書いていくつもりですが、くれぐれも私の書く内容を「絶対」とは捉えずに、読者であるあなたご自身の判断こそが最も優先されるべきであることを納得していただいた上で読み進んでいただければと思います。

時代はもうそこまで来ていますし、後戻りもやり直しももうありません。

私も含め、読者であるあなたも真摯な姿勢で今の時代と向き合えるようになれればと思います。

＊　＊　＊

私は現在、モノリスワークという、根源の自己に目覚めることを目的としたワークを行っています。

このワークを通じ、私は実にたくさんの参加者の皆さんと交流を持てるようになりました。

その内訳は、主婦、学生、医師、教師、技術者、看護師、派遣社員、学者、プロのチャヤネラー等、それこそ日本のありとあらゆる職種の方々が参加してくれています。そして参加した皆さんが真剣に自分自身の内面を旅し、本当の自己と出会い、生まれる前に自分自身が決めてきた「今世でやりたかったこと」を取り戻すキッカケにこのワークがなり得ていることを実感し、大変嬉しく思っています。

この根源の自己に目覚めたいという要求は、「今」という時代そのものが目覚めの時を迎えているということでもあります。それは私のワークという限定された世界だけの現象ではなくて、私たちの日常生活全般に起こり始めている意識の地殻変動とも言える大きな変化の始まりなのだと私は思っています。

この本では身近に迫ってきた大きな変化を前にしてアセンションのための具体的な道しるべとして私が経験から得たことを書き進めていきたいと思っています。

なお、読み進んでいただくと分かりますが、この本の中で、人の無意識領域の中にあるブロック等について私が感じたことを書いたりしています。なぜ、私にそんなことが分かるのか？　ということを最初にご説明しておきます。

先ほど「一部の『スピな人』が語る地に足のついていないふわふわした妄想話には到底付いてはいけない」というようなことを書きました。その舌の根が乾かないうちにこういうことを書くのは非常に心苦しいのですが、これは実際に自分の身に起こっていることなので、誇張や妄想を交えずにありのままに説明するようにします。

『ヘミシンクで起きた驚愕の「前世体験」』の中には詳しく書いたのですが、私はとあるスピリチュアルワークをきっかけに自分の大きなブロック（無意識領域に残っていた過去世の悲しみ）が昇華された後、ハイアーセルフとのチャネリングが始まりました。

このことは自分にとってはまさに驚天動地の出来事でしたが、それどころか、その後ひょんなことから始めた自分のオリジナルワークを重ねるにつれ、自分のチャネリングはますます変化をし始めたのです。

当初のチャネリングは、ワーク前から体験していたヴィジョンを受けとるという形と、ハイアーセルフとの会話形式というスタイルのものでした。

この会話形式というスタイルは、具体的に声が聴こえるというものではなく、頭の中に言葉になる前の概念そのものが浮かんだり、一冊の本くらいの情報量の概念の塊がポンと直接入ってきたりする感覚でのコンタクトです。

ただ、これは先の『はじめてのチャネリング』にも書きましたが、この会話形式のチャネリングは、そのメッセージを翻訳する過程で自分の中にあるブロックやエゴ、それらから生まれる妄想というものに極めて影響を受けやすいという欠点があります。

また、ハイアーセルフ以外の低次元の存在に騙されるという危険性もあるので、今の私はあまり信頼を置いていないスタイルです。

今でも相変わらずヴィジョンが見えたり概念の塊が頭に入ってきたりということはあります。しかし、最近は「波動を読む」というやり方のチャネリングが主体になるように自然に変化をしてきています。

この「波動を読む」というチャネリングを説明するには、まず高次元のありかたというものを知っていただく必要があります。

基本的に高次元の世界では私たち3次元の人間とは違い、お互いのコミュニケーションに「言葉」という方法は取りません。

それではどういう方法でお互いにコミュニケーションを取っているのかというと、それは「波動」を使っているのです。

この「波動」とは、それがたとえこの3次元であったとしても「意識」がそこにあれば、必ず意識は何らかの波動を出しています。

バッハは神と音楽で対話したと言われていますが、音も波動の一種なので、それは本当に言い得て妙な表現だと思います。


普通の人であってもレイキ等をしている場合、この「波動」を感知できる人は結構いるものですが、私の場合はワークを重ねていくうちに高次元の存在や相手の人の幽体に宿っているブロックという名の意識の波動をも直接感じることが出来るようになりました。


これは最初から出来たのではなく、最初は相手に手のひらから波動を伝えるだけだったのが、やっているうちに自然に深くなっていったのです。そしてワーク中に行う波動チューニングというセッションで相手の人の無意識層にダイブをし、その人自身もまだ気が付いていない心理的ブロック（無意識下に閉じ込めた過去世や幼少期のトラウマ）の詳細を自然に感知出来るようになりました。

現在の波動チューニングでは、相手の霊体の振動数をあげ、またブロックの内容をお伝えすることにより（本人の状態によりお伝えしないこともあります）、本人がそのブロックを外しやすくするサポートをするという、要するに浄化のセッションをしています。

また、1枚ごとにメッセージが書かれているオラクルカードや心理分析のカードを私の妄想や先入観が入らないように裏返しにして……つまり私自身が何を選んでいるのかが分からない状態で、その人のガイド（日本語では守護霊とか指導霊）から私に出される波動のみを頼りにカードを選ぶというスタイルで、ガイドからのメッセージを直接聴き出すというセッションも行っています。

このような話は初めての人にはかなり怪しいものとして聞こえることと思います。

しかし、人間とは肉体だけの存在ではなく、奥深くにもっと広大な自己が存在しているということや、ガイドや霊体等次元の違う世界があるということは心理学の巨匠ユングを始め古今東西の宗教で過去から散々言われてきた事実です。

ただ、それを感知したことのない人にはその「感覚」を言葉でしかお伝えすることが出来ません。ですから、どうしても実感は得られにくいものです。

また、こういった感覚を言葉でお伝えすることにはおのずから限界があります。たとえば「覚醒」という一言を取ってみても人それぞれの認識が違うということもあるので、送り手の言いたいことが正確に相手に伝わるものではありません。

かといって、現代ではやはり本やブログ、講演等の言葉で表現される方法が最も伝達しやすいコミュニケーション手段になりますので、言葉を超える部分についてはご自身の「直観」を信頼してこの本を読み進んでいただければと思います。

さて、話を先ほどの「『今』という時代そのものが目覚めの時を迎えている」というところに戻します。

ここであえて念を押しておきたいのですが、この意識の変動というものを私はスペクタル映画的な「地球の滅亡」と軽々しく捉えてはいません。

これについては後ほど詳しく書きますが、今回地球が迎えるこの大きな変化とは、宇宙全体の発展の過程であり、私たちは、地球とその上に住む自分自身の意識の変化に焦点を合わせなくてはなりません。

確かにこのまま環境の汚染が続けば地球は危機的な状況になると思います。しかし、それは私たちの意識次第であり、そういった内的要因に起因する地球の危機を地殻変動等の外的要因に置きかえてしまっていては、私たちの霊的な成長はありません。

ちなみに「地球滅亡」というハリウッド映画のような話は古くから何千回と使い古されたネタであり、私たちは何回となく同じようなネタに振り回されてきました。

1910年にハレー彗星が地球に接近すると「彗星のしっぽ内に含まれる水素が地球の酸素と化合して一時的に5分間だけ地球上から空気が無くなり人類は皆窒息して死滅する」という、今から考えれば大笑いされるような説がまことしやかに囁かれました。そのため当時、自転車のチューブに空気を入れてその5分間をなんとかしのごうとする人が続出し、自転車のチューブは大高騰をしたそうです。

今回の大変化はそういった恐怖ありきのものではありません。また、興味本位的にしかそれを捉えられない人には、変化自体の意味が最後の最後まで分からずじまいになってしまうかもしれない種類のものです。

これは霊性の向上とか宇宙意識への目覚めという視点から語られるべきもので、この人類が蛹から蝶へと大きく進化する過程はもう始まっています。

私たち人類はそれを今体験しつつあるのですが、この蛹から蝶への進化はこの地球上にいれば自動的に誰にでも訪れるというものではありません。

後に詳しく説明をしますが、前作にも書いたようにこの地球自体は霊性を向上させるための巨大な実験施設であり、その終了に伴って最終的にそれぞれの魂が至った意識の波動により、その行先は当然違ってくるのです。

これはそれぞれが個々の意識状態により、違う世界へと分化していくということです。しかし、純粋な生命としての歓びを原動力に向上するのではなく、「地球滅亡」というようなものを意識して「自分だけが助かりたい」というような怖れや、エゴ混じりの意識で向上しようとすると、その人にはなんの向上ももたらしはしないのです。

これは私が何回もワークをしてきた経験から確信を持って言えるのですが、人類の目覚めというものは単なるファンタジー世界のお伽噺ではありません。

この進化の過程は本当に始まっています。

時を待たずして変化が始まり出した人が、もうすでに大変多くなってきており、隠されていた意識の解放ともいうべき「人の意識の激変」を私は何回も目の当たりにしています。

今までこういったアセンション関係の本はたくさん出ていますし、この手のブログなどもたくさんの人に読まれています。ですから、今こういう変化が始まりつつあるという話は、すでにスピリチュアルの世界ではかなりの人が認知するようになってきています。

しかし、そこで私がそのことに関心のある人たちに問いたいのは、こういった本やブログを読んだ結果、あなたの意識は変わりましたか？　ということなのです。

これは「あなたの知識は増えましたか？」ということを聞いているのではありません。私は「あなたの意識状態は変化しましたか？」ということを聞いています。

なぜ私がこう言うかというと、後ほど詳しく書きますが、知識を増やすこととアセンションとはあまり関係がないからです。

つまり、やみくもに本などから知識ばかりを脳というハードディスクにせっせと記憶させていても、記憶という作業だけではその人の意識自体は無機質なコンピューター状態のままで変化が無いため、波動は全然上がっていかないのです。

それよりも、たとえスピリチュアルには何の関心もない人であっても、日々の責任ある生活をしっかりとこなし、花を愛し、人を愛し、愛と思いやりを持って誠実に周りと接している人のほうが実は波動が高かったりするのです。

このこと……つまり知識ばかりで波動が全然上がっていかないということについて、私は今までの人類の「進歩」に対しての認識が一面的であったことが原因にあるのではないかと思っています。

今まで人類が持っていた価値観は「左脳的」……つまり「物質的」であり、「理論的」であり、「科学的」でした。時間というものに対しても、それは「短縮すべきもの」であり、「克服すべきもの」であり、「効率化」の対象としか見てきませんでした。

右脳的な「直観」や「ひらめき」など、非理論的なことを軽視し続けてきた結果、私たちは著しくアンバランスな進歩の道を歩んできています。

つまりそこに「文明」はあっても、それをコントロールするだけの「叡智」が育っていない。

ですから、そのアンバランスなスタンスを根っこに持ったままで左脳的にスピリチュアルの世界を探求している場合、それはロボットが愛について合成音で語っているようなものであり、根本的なところで履き違えをしていることに気が付く必要があります。
「効率」を進化の最大の価値観にしてしまった結果、私たちが得たものは、携帯電話の進化によりどこに逃げても24時間追い回される「効率」であり、コンピューターの処理能力に人間が付いていけず、もの凄い勢いで増え続ける情報を必死で追いかけて処理し続ける「効率」であり、そのストレスから増え続ける「うつ病」です。

現代の社会はまるで「効率の向上」という魔物に取り憑かれた様相を呈していると私は思っています。

3歳の幼児期から受験戦争が始まるというこの世界が、著しくアンバランスな状態であることは誰もが根底では分かっているのです。

でも、それを言うことが「反社会的」であるかのような怖れを持ってしまっているのでそれを公には言えない……。

今のこの世界がアンバランスだという感覚を持っている人はかなり多いはずです。なぜなら、これは私たち現代人の誰もが得ている「直観」だからです。

それでは、私たちの中でこの直観を通じて「警告」を発しているのは誰でしょう?

そして、いつまで私たちはこの「警告」を無視し続けるのでしょう?

つまり、いつになったら私たちは自分の本当の意思に気が付くのでしょう?

このままこのアンバランスな状態を放置していると、ちょうど捻じれた板バネが勢いよく元に戻るように、予期せずして突然さまざまな「浄化」が起こるかも分かりません。

アンバランスからバランスのとれた世界への変化……

そこに至るための時間はもうそんなには残されていません。

第2章 大いなる意識の流れに乗るために

第3章 「怪しい」スピリチュアルを見抜く

第4章 意識の成長を阻む「闇」の正体 157

エピローグ † 地球、そして人類の危機が迫っている……227

第1章

アセンションはすでに始まっている

バランスとアンバランス

「プロローグ」で私は現代という時代は著しくアンバランスな状態になっていると書きました。

それでは一体、バランスのとれた世界というものはどういう世界なのでしょう？

このバランスの取れた世界を再認識することにより、私たちは自分たちが創り上げたこの世界がアンバランスであることをよりハッキリと認識出来るのではないかと思います。

実はそれに気付くのはとても簡単なことです。

私たちの外世界は内世界の意識の反映であるということは、ホ・オポノポノでも同様に言われています。ですから、ご存じの方もいるかと思いますが、念のため簡単にホ・オポノポノを説明しておきます。

ホ・オポノポノとはハワイに伝わる伝統的な問題解決方法で、外界に生じている出来事はすべて自分の内側の世界の投影であるという考え方です。

つまり、今現在私たちが生活しているこの世界というものは、自然以外は何から何まで私たち人間がその意識によって創造（投影）しているものなのです。

これは建物や物品という物質だけではなくて、人間同士の関係性や社会に起こっている問題、さらには時間というものでさえ、すべては私たちの意識が具現化したものです。

つまり、もしもあなたの周りで嫌なことが起こっているとすれば、それはあなたの内面がその嫌なことを創り出しているということなのです。

これは分かりやすいと思いますが、たとえば国と国、民族と民族の関係についても私たちの意識がその関係の良し悪しを創造しています。また、私たちと環境の関係でも私たちの意識がその環境の良し悪し……つまりバランス、アンバランスを創造しています。

ということは、私たち人類がいなければ……つまり私たち人類の意識がこのアンバランスを生み出しているのであれば、私たちが地球に発生する以前はバランスの取れた世界であったということになると思います。それではどういう意識が私たち人類発生前にこの地球も含めた宇宙を創ったというのでしょう?

それは高次元の意識です。

つまり、この地球環境も含めた宇宙全体は、高次元の意識が3次元的に具現化したものなのです。

私たちの周りを取り囲むこの自然環境とは、高次元が意識の波動を下げて3次元世界にカタチとして表現されているものであり、だから宇宙というものは元々バランスが取れていて完璧で美しいのです。


そして人間という生命も自然の一部です。もしも、その人間が本来のピュアな精神（根源の自己）のままに素直に自分を表現しているのであれば、それは高次元の意識を反映していることになります。ですから、その人間の行為も生態系として組み込まれていくのが自然な流れのはずなのです。

ただしこれは、人間がネガティブな波動さえ出さなければ……という範囲においてのことであり、今回私たち人間はこの地球に生命を受けた時点で先天的にエゴという思考回路を根底に持たされています。そのため、人間はどうしても全体との調和そのものになりきることが出来ず、うまく生態系の一部になれないでいるのです。

高次元が波動を下げて具現化したものがこの現実世界であるという考え方は、古代ギリシャの哲学者プラトンのイデア論にも似ています。

イデア論とは、たとえば目の前に美しいビーナス像があるとして、そのビーナス像が制作される過程は偶然その形に創り出されるものではないという考え方です。

つまり、初めから現実世界とは違う目に見えない「イデア（理想）の世界」があり、そこに先験的に「美のイデア（理想）」というものが存在し、彫刻家はその「美のイデア」をヌースという知性で感知してそれをできるだけ忠実に写し取ったのだという考えです。

このことは音楽にも通じているとケンブリッジ大学名誉教授でノーベル物理賞学者のブライアン・ジョセフソンは言います。

つまり、音楽の場合は高次元世界を表す「音楽のイデア（理想）」というようなものが元々存在し、作曲家はそれをなぞってそれぞれの音楽文化へと変換して写しとっているとジョセフソンは言うのです。

つまり、作曲という行為は先ほどの彫刻家同様ある種のチャネリングということになるのです。要するに「イデア」をなぞるのにカタチという表現を使えばそれは彫刻であり、音という表現を使えばそれは音楽であり、言葉という表現を使えばそれはチャネリングということになるのでしょう。

そのイデアの世界がすべての現実世界の元としてあるのであれば、人間が発生する以前に大いなる意思によってそのイデアの世界そのものが自ら波動を下げ、この宇宙に具現化してきたものが私たちの身の回りを含めたこの地球全体の姿なのだろうと私は思っています。

つまり、人間がこの世に出てくるはるか以前からこのイデアの世界は存在し、そのイデアの世界を3次元として具現化させたのがこの宇宙なのだろうということです。

宇宙が完璧である証拠に、宇宙そのものをミクロの視点からマクロの視点まで生態系を例に簡単に観察をしてみましょう。

バクテリアは動物の死骸や排泄物といった有機物を分解し、やせた土をミネラル豊富な土壌へと変えていきます。そして雨の水を土壌はいったん保持し、植物に提供します。その土壌に植物は根を張り栄養を吸収して成長し、動物はその植物を食べて栄養バランスをとり生命を維持します。

植物や動物に飲まれなかった水は土壌のミネラルを持って川に流れ、さらに川でもミネラルを得た後に栄養分が不足しがちな海に流入します。

その栄養を得て海の中の藻や海藻は成長し、小魚のエサになります。小魚は大きな魚に捕食され、大きな魚は死ぬと小魚のエサになります。

海の水は太陽エネルギーによって暖められ、蒸発し、雲になって雨になり地上の動植物を再び潤します。


植物は太陽光を得て光合成を行い、酸素を吐き出します。その酸素はオゾンの元になり、オゾンは地球の成層圏まで上がりオゾン層を形成します。

そしてオゾン層は太陽から地球に届く有害な紫外線をほどよく吸収し、地上に適切な太陽光が降り注ぐように調整をし、地上の動植物を育みます。


これ以上書いているとキリがないのでここで止めておきますが、人間のホルモンバランスからミツバチの社会と花の関係、銀河系と太陽系……当たり前過ぎて誰でも知っているこれらの生態系……。

この世界は非常に美しく調和のとれたバランスのもとにあるということは、このようにすでにご存じの通りです。

この生態系がすべてを現していますが、どこにも不自然のない状態、つまりエネルギーの流れに無駄や無理がなく、利用されたエネルギーは形を変えて必ずまた次で利用され、完璧なバランスを持って捻じれることなく素直に調和を持って流れている状態……これは自然というものが高次元の世界を反映しているからこそ、完璧なバランスを持って3次元の世界に具現化されているということなのです。

高次元世界の実在

さて、私たちが現実に生活をしているこの現実世界の3次元というものは、宇宙の表現の中でただ唯一のものではありません。これは神智学で知られるルドルフ・シュタイナーを始め物理学やスピリチュアルの世界でも常識になっていることです。

少々難しい話になりますが、そこには違う次元（物理学でいう次元とスピリチュアルでいう次元は同じものではありません）が重なるように存在し、それぞれが振動数の違う意識（イデア）の反映世界として存在しています。

簡単に言いますと、あなたが「怒り」を感じた時「はらわたが煮えくりかえる」ように下腹が熱くなったり、「悲しみ」を感じた時「胸が張り裂けそうだ」と言うように胸のあたりが締め付けられるように感じたりすると思います。

しかし、そこであなたの体にすかさずＣＴスキャンや手術をしてみても、そこに「怒り」や「悲しみ」は発見できません。

また、「あなたの愛はどこにありますか？」と聞いてみると、大抵の人は反射的に脳ではなくて胸の部分を指します。

これも同様に人間は肉体だけで構成されているのではなくて、目に見えない「愛という意識」のエネルギーセンター（チャクラ）がそこにあるということなのです。

これは鍼灸の世界での話ですが、事故で右腕を失った人が無いはずの腕の痛み（幻肢痛）を訴えるので、その存在しないはずの腕のツボに鍼を行ったところ、その腕の痛みが消えてしまったということもあるそうです。

このことは、人間は肉体だけで構成されているのではなくて、人間には目に見える肉体のほかに「目に見えない体」があるという証明になり得ると私は思います。

同様に私たちが住むこの銀河系についても、現在、目に見えているその質量だけでは実際の銀河の回転速度は到底得られないものであり、少なくとも現在分かっている質量の10倍以上の目に見えない質量のものがそこにあると仮定しないと、力学的に説明がつかないのだそうです。

さらに私たちの銀河と外の銀河とが引き合う引力についても、現在、観測できる質量だけではその引力を得られるものではなく、宇宙全体を想定してみると私たちの目に見えている物質はたったの４％にしか過ぎないということも分かってきています。

このことはシュタイナーやスピリチュアルの世界が言う「目に見えない違う次元」の証明になり得ると私は思います。実際、私自身は波動を振動として感覚的に感知するタイプなので意識体等を眼で見ることは時々しか出来ないのですが、身近にいる額のサードアイ（第3の眼）が発達している人たちは人の形をした意識体や綺麗に彩色された光の渦や人のオーラなどを常々見ています。

このように、物理学や神智学の理論だけではなく、実際にこの3次元以外の世界は存在し、先ほど書いたように高次元が波動を下げてこの3次元世界にカタチを表しているということは納得していただけるのではないかと思います。

意識の生態系

ということは、この地球も含め宇宙全体に調和をもたらしている生態系というものは、目に見える3次元世界のものだけではなくて、高次元も含めた各々の次元にも生態系のもとになった調和のシステムがあるということであり、この現実世界のように物質ではない意識の次元世界にもエネルギーの調和に満ちた「生態系」のシステムがあるということになります。

これを私は「意識の生態系」と呼んでいます。簡単に説明すると、母親が我が子に愛情を注ぐと、今度は子どもが母親に愛情を示すというように、それは「愛の循環」とも呼べるものです。これはそこに打算や取引という邪心がなければ自分が愛を出すことにより自分にも愛が返ってきて、皆が調和的になるという意識世界での「生態系」です。

たとえば友人や同僚が落ち込んでいる時にあなたが本心から優しい言葉をかけてあげると、逆にあなたが落ち込んだ時には誰かが優しくあなたをサポートしてくれますし、普段は挨拶をしていない人にあなたが朝の挨拶をすると、全然違う人から朝の挨拶をされたりするようになります。

これは生態系と同じで、愛もエネルギーなので、その愛をあなたが「出す」、つまり循環させるようになると、あなた自身にその愛というエネルギーが流入されてくるようになるということです。

またこれは逆のパターンですが、もしもあなたが嫉妬や怒りなどのネガティブな意識を周りに振りまいていると、結果的にそのネガティブな意識はあなたのもとにカタチを変えて思わぬ方向から戻ってくるようになります。また、あなたのもとから発信されたネガティブな意識の「カケラ」はそういった波動を持つ集合意識に組み込まれ、世界のどこかで誰かに取り憑き、その人々の闇の代表とも言えるような酷い行動に走らせてしまうということもあるのです。

しかし、だからといって自分を偽ってみても、意識の波動そのものを隠すことは出来ません。

波動とはその人の意識そのものです。

意識が変わらないまま本心にもなく周りに偽りの愛を示しても、それはエネルギーではなくてただの偽物を流しているだけのことなので、その場合はせいぜい同じような偽物の愛が返ってくるぐらいのもので、そこには何の意味もありません。

フラワー・オブ・ライフ

つまり、打算のないピュアな「本心の愛」を発揮出来ている状態がバランスのとれた「意識の生態系」本来の姿であり、この「意識の生態系」も含めてこれら意識の生態系や3次元世界の自然の生態系を端的に図形に表したものがフラワー・オブ・ライフと呼ばれている神聖幾何学の図形です。

このフラワー・オブ・ライフは宇宙の物理法則や数学的方程式、そして生命のすべての側面を表している神聖幾何学であると言われています。

フラワー・オブ・ライフ（上図）は世界各地に残されており、ギリシャ、ポーランド、アイルランド、イタリア、北アフリカ、インド、チベット、中国、ペルーで見られる。有名なものではエジプトのオシリス神殿の壁で発見されたものやイスラエルのマサダにある遺跡の床があり、日本では屏風の柄や着物の柄にフラワー・オブ・ライフのデザインが見られる。

実際、受精してからの細胞分裂の様子などからもこのフラワー・オブ・ライフが生命のありかたそのものを現したものであることは理解出来ます（詳しい説明についてはドランヴァロ・メルキゼデクの著書『フラワー・オブ・ライフ』（ナチュラルスピリット）を読んでいただければと思います）。

簡単に説明すると、フラワー・オブ・ライフとは、小さな「円＝調和」が美しく組み合わさることにより大きな円を形成していき、それら全体が調和して宇宙そのものを極めてシンプルに表しているものであるとご理解ください。

このフラワー・オブ・ライフをもっと分かりやすく説明してみます。

あなたがこのフラワー・オブ・ライフの一部分、ひとつの小さな円形の部分だとします。もしもあなたのエゴが強くて、「自分はこんな小さな存在では嫌だ、もっと目立ちたい」と思い、自分のことばかりを考えて巨大になるとします。

そうすると途端にこのフラワー・オブ・ライフ全体のバランスが崩れ、その小宇宙自体が成り立たなくなってしまいます。

逆にあなたが自分に自信がなくて、「自分は綺麗な円形ではない、だから自分はここにはふさわしくない」というネガティブな思いを持つと、途端にあなたという円形は崩れ、その自己否定がフラワー・オブ・ライフという宇宙全体の崩れを招いてしまいます。

つまり、私たちは個々にエゴを張らず、自己否定をせず、ただただシンプルに円形＝自分自身が調和そのものであることに歓びを感じ、自分に与えられた場所で自分の役割をまっとうすればそれが生きる歓びなのです。

使命

この「役割をまっとうする」ということですが、これは「自分の使命をまっとうする」ということです。

そしてこの「使命」は、この現実社会のように嫌々やらされるという義務感を伴うものではまったくありません。それは丁度フラワー・オブ・ライフの中の小さな円形のように、与えられた適材適所でそれぞれの個人が「自分の歓びとする事」を思いっきり楽しんで表現することそのものが使命ということなのです。

実は、私は昔この現実社会に染まりきってしまっていたため、そのことがよく理解出来ていませんでした。

当時の私の意識の中では、「使命＝労働＝苦痛（ペイン）」という認識があり、いくら意識が上がって自分の使命に目覚めたところで、人間は労働の辛さからは逃げられないのかな……と思っていたのです。

ところが、それは根本的な勘違いで、その後の体験から使命とは歓びそのものだということが今では分かるようになりました。

これはスピリチュアルの世界でよく言われる「ワクワクすることをする」という言葉と同じ意味です。しかし、この言葉について宇宙的な意識がそれを言っている場合は、高い意識の視点からそれを語っているため、人間には誤解されてしまう可能性があります。

結論から言うと、これは自分の中の「光」がワクワクすることであって、「エゴ」がワクワクすることではありません。

つまり、自分の中の汚れのないピュアな意識が求める「ワクワク」であって、自分の中にある欲望を満たす「ワクワク」ではありませんので、あえてこのことを付け足しておきます。

それはあなたが損得勘定の無いピュアな意識になった時に感じる気持ちや情熱です。たとえば料理をすることにワクワクした気持ちがあれば、それがあなたの使命ですし、幼い子どもたちを世話することにワクワクした歓びがあれば、それがあなたの使命ですし、地球環境を守ることにワクワクした情熱があるのであれば、それがあなたの使命なのです。


しかし常識のある大人であれば、こう思うかもしれません。

「誰もがそんな自分勝手なことばかりをし始めたら、社会は成り立たなくなってしまうのではないか？」

それについてはこう理解していただければと思います。

たとえば「花」を思い浮かべてみてください。

一言で「花」と言っても、高原の林に咲くスズランもありますし、平地に咲くタンポポもあります。また湿原に咲くアイリスもあれば、海辺に咲くハマナスもあります。

これらの花は嫌々咲いているのでしょうか？

そうではありませんよね？

それらの花……花という花はすべて、「歓びを持って」咲いているのです。

そして、それぞれが適材適所を与えられており、その歓びを表現するのに「花」はなんの躊躇も持ってはいないのです。

これは人間も同じことで、私たちはそれが「歓び」であれば、自分のピュアな意識から湧き上がってくる「ワクワク」を気兼ねなく素直にやってもいいのです。

たとえば宇宙というものが超巨大なジグソーパズルのようなものだとすれば、宇宙は細かいピースとしての人間ひとつひとつに適材適所を与えているのです。

つまり私たちが「使命」に目覚め、スズランな人であれば高原、ハマナスな人であれば海辺というふうに、それぞれがそのワクワクする場所に落ち着き、そのワクワクを実行に移していけば「意識の生態系のフラワー・オブ・ライフ」という完璧な絵が完成されるように出来ているのです。

しかし、先ほども書いたように私たち人間はこの地球という巨大な実験施設に生命を受けた時点で先天的に「エゴ」という思考回路を持たされています。

そのため、どうしてもネガティブな意識の捻じれ……つまり意識のアンバランスを生み出す心理的ブロックやカルマ等の暗雲が私たちのピュアな意識の上を覆うことになります。

そのため自分の使命そのものに気が付くことが出来ず、宇宙と言うジグソーパズルの中で一体どこが自分の適材適所なのか……つまり自分の「使命」が分からず、うまく「意識の生態系」の一部になりきれないでいるのです。

地球外から来た魂たち

さて、以上のことを踏まえてとてもいいニュースがあります。

この時代に生まれた私たちは本当にとてもラッキーだということになるのですが、いよいよこのとても長かった実験がまさに終わろうとしています。

これは前の『はじめてのチャネリング』に書いたことですが、宇宙から地球に降り注いでいる波動が年々強くなっており、その波動により各自の「覚醒スイッチ」が入り始めているのです。

先ほど私は「『今』という時代そのものが目覚めの時を迎えている」と書きましたが、このことは誇張でもなんでもありません。本当にもうその時が始まっている実感が私にはあります。

これは「アセンションが近い」のではなくて、「アセンションの助走はもうすでに始まり出している」ということです。究極の「その時」はなんの前触れもなく突然起こるのではなく、一部の人にはなんらかの変化がもう始まり出しているということが、今だからこその私にはよく分かるのです。

　そして、その人たちには先遣隊とも呼べるような役割があり、そういう人たちにはもうすでにかなりの部分で意識の覚醒が始まり出しています。

　たとえば私のワークで言えば、ワーク前からすでに「蓋が開いた」状態の人が、今まで体験したことのない自分自身の高い意識の状態にとまどい、どう対処していいかがよく分からず、その「蓋が開いた」事実をもっと受け入れるために参加してくる場合があります。

また、シンクロニシティが重なってワークに参加し、それがキッカケとなって「蓋が開く」人もいます。


　そしてこれも先の本に書いた通りなのですが、このように目覚める人たちには、全員ではありませんが、傾向として「ワンダラー」が多く、中には前にいた宇宙での記憶が完全に蘇ってしまった人もいます。

　ワンダラーとは、スコット・マンデルカー博士が書いた『宇宙人の魂をもつ人々』（徳間書店）に詳しく書かれているもので、地球由来の魂ではなく、宇宙由来の魂が、この地球に生まれることを志願して転生して来ている人間を指します。

ただ、この地球は壮大な実験場であり修行の場でもあります。ですから転生してくる際に以前の記憶はすべて忘れるようになっていますので、自分は過去世で地球外にいたということを覚えている人はまれにしかいません（まれにはいるということ）。

そして前の『はじめてのチャネリング』を書いた頃と比べて、最近はさらにワークにワンダラーが増えてきたこともあり、詳細にワンダラーの目的が分かるようになってきました。

ワンダラーにもいろいろな目的があり、微妙に地球に来る目的が違うのですが、やはり一番多いのは地球のアセンションをサポートするというものです。

ただ、そのサポートのやり方には個人差とも言うべきものがあります。医療関係や福祉関係等の仕事を通して人に対して献身的に働くというケースもありますし、またはあえて波動の荒い職場に入り、その中で愛に満ちた行動を身を持って示し、周囲に気付きをもたらそうとするケースもあります。あるいは主婦の場合等は、気負うことなく身の回りや環境に対して純粋な愛を注ぐという、普通の生活を通じて自然体で自分の役割をこなしている場合がほとんどになります。

それ以外では科学等の専門分野で研究を通じて今回のアセンションに貢献している魂もありますし、ただそこにいるだけで自分の身体から波動を発信し、周りを覚醒に導くというまるでマスターのような人もいます。

さらに、アセンションをサポートするというよりも今回の地球の大変化を自分の星の発展に役立てるため、ただ単に「観察」だけが目的でこの地球に降りて来ている魂もあります。面白いことにそういう魂は検査関係の仕事や、またたくさんの人と触れ合いその意識の変化を見ることが出来る立場についていたりします。

ただ、先ほども書いたように、そういう意識をもって地球に降りてきた魂であっても、自分がまさかワンダラーであるなどとは思っていません。ですから「観察」が目的で来ているワンダラーが深夜密かにコンパクトレーダーを使って自分の星にピコピコ通信しているなどということはなく（笑）、３次元ではない違う次元を通じて故郷と繋がっているので、本人は無自覚の場合がほとんどです。

また、これは少ないケースなのですが、厳密にはワンダラーではなく、地球由来の人間でもないという魂もいます。

これはたとえば完全に非物質の状態が本来のあり方という、次元の全然違うところからやってきている魂や、または妖精系とも呼べるような、地球由来ではあっても人間とは違い非常に純粋な魂の人もいるということです。

こういう妖精系のような非常に純粋な魂の場合は今の環境に馴染めないためアレルギー症にかかっている場合が多く、ワンダラー以上に環境の汚れに対して敏感に反応してしまうという、本人にとっては有難くない状態もあります。

さらにスコット・マンデルカー博士の書いた本に、ワンダラー以外でウォークインというタイプが紹介されていますが、私が知る限りではこのウォークインもまたワンダラーと比べるとはるかに少数派になっています。

ウォークインとは、地球由来の人間が成長して大人になり、グランディング（地に足のついた堅実な状態）がしっかりと出来上がった時点で高次元の意識体がその肉体に入り込むということです。これは最近始まったことではなく、ヒンドゥー教の聖典にもそのことについては書かれています。

そして従来の認識では、これはその「入られる本人」がなんらかの事故等で亡くなった瞬間に肉体はそのままで魂のみが入れ替わる（肉体ごとすり替わるというパターンもある）とか、あるいは「入られる本人」の自覚が薄いままに魂が重なるように入ってくるというパターン、さらには「入られる本人」によりグランディングがすでに完成されている第１チャクラから第３チャクラまでを残し、そこから上の第４チャクラ以上がすり替わるパターン等が語られてきました。

高い梯子から落ちて大けがをした後に人格が変わってしまい、以前では考えられなかった芸術等の才能を発揮するようになったという話を聞いたことがありますが、これなどはウォークインの例になるかもしれません。

しかし、私が無意識領域を見ている限りでは、亡くなってから入れ替わった魂というものがあるとしてもそれは極めてまれだろうし、もしもそういう人がいるとしてもこちら側からの感知は多分不可能です。

また「入られる本人」の自覚が薄いままに意識体が重なるということも私の感覚の中ではあり得ません。肉体が重なることは不可能ですが、霊体が重なるのであれば霊体に対してなんらかの大きな衝撃は必ずあるはずです。ですから「自覚が薄いまま」重なるというのには本人の願望による妄想であることが多分にあると思います。

つまり、ウォークインという現象は確かに世の中にはあるのですが、自ら「自分はウォークインだ」と語る人の多くはこの妄想パターンだろうと私は思っています。

ワンダラーの目的

さて、この地球外から来た魂の件について、私には最近少し懸念していることがあります。

今の日本には真摯なスピリチュアルを危うくさせるアミューズメント感覚の「スピ」な人たちが少なからず存在します。その人たちの中には根拠のないままに「そんな気がする」程度の理由から自らワンダラーを名乗ったり、地球外から来た魂について責任感のないままに軽々しく話題にしたりする人がいるため、ワンダラーという概念自体が最近はうさん臭くなってしまってきているということです。

その影響を受けてなのか、「ワンダラー」であると言われたくて、それだけが目的でワークにやってくる人も時々います。しかしそういう人に限って本心では目覚める意志はなくて、ただ自分は特別なのだと言われたいだけでワークに来るのです。

それは人から認められたいという自分のエゴに振り回されているだけのことで、本来のワンダラーとは遠くかけ離れた意識状態です。

私は別にワンダラーだけのためにワークをやっているものではありませんし、そういったリップサービスをする気もありません。ですから、最近は募集時には毎回、「興味本位のアミューズメントワークではありませんので、超能力や目新しい情報にしか関心がない状態で参加すると何も得ることは出来ません」という一文を入れるようにしており、真面目なワークであることを分かった上で参加していただくようにしています。

それでは本当のワンダラーとはどういう意識を持っているのでしょうか？

私の経験からいくと、無意識の表層では人間的なブロックを持っているとしても、やはりその奥深くでは地球環境の悪化や今の世の中の荒れた人間性に対し、大きな悲しみと少しでもいい方向にしたいという気持ちをすべてのワンダラーが持っています。

また、大人の場合は社会生活もしっかりとこなしグランディングも充分に出来ている人が多く、先ほど書いたアミューズメント感覚を持っている人は皆無であり、ワンダラーと呼ばれたいという浮ついた気持ちも特に持ち合わせてはいないものです。

ただ、それらの意識と同時にその無意識内にはこの荒れた波動の地球に降りてきた当初に形成された「地球人への怖れ」というものと、「故郷から離れた悲しみ」というブロックが存在します。

そのため、子どもの頃から自分の家にいるにもかかわらず「早く家に帰りたい」という望郷の念を持つことがあったり、「自分の価値観が周りの人と違う」というこの世界への違和感を持ち続け悩んできたりした人がほとんどなので、そういう意味では自分はワンダラーだったことに気付くことで少しは安心感に繋がってはいます。

しかし、この「自分の価値観が周りの人と違う」という気持ちはスピリチュアルに興味のある人であれば誰しもが持っている感覚です。また「多少そんな気がする」程度でも人間のエゴという思考回路はとにかく自分を「特別」な存在にしたがりますので、「自分の価値観が周りの人と違う」……つまり「他人とは違う価値が自分にはある」という立場に強引に自分を持っていくものです。

ですから、「自分の価値観が周りの人と違う」意識を自分が持っているからといってその人がワンダラーであるということはありません。また、先ほど書いたワンダラーがアレルギー傾向にあるということについても、同様にそれだけで簡単に自分をワンダラーだと判断しないようにしてください。

さて、ワンダラーの目覚めということの傾向はワークを始めた時からすでにあったのですが、年を重ねる毎にそういう意識を持った人が加速度的に多くなってきました。そのため、当初私はただ単に自分の妄想がワンダラーという幻を創り出しているのか？　と、自分で自分を疑ってみたりもしていました。

しかしよく考えると、ワンダラーとは元々地球が変革する時にそのアセンションをサポートするためにここに転生して来ている魂が多いわけですから、先ほども書いたようにまず先遣隊的に目覚め始めるということは予測出来ることです。また私自身もそういうメッセージを受けていますので、今では自分を疑うということはもうなくなりました。

なぜ、私が確信を持ってそう言うのかを今から説明します。

最初のほうで書きましたが、ワークの中にある波動チューニングというセッションでは、私が相手の人の無意識層にダイブして行き、その人のブロックと私が同調してブロックの中身を私が感知します。そしてそれをその人にお伝えし、その人の意思の力で出来るだけそれを昇華させようということをします。

その体験から私が知ったことは、現世での通常の兄弟や親子の関係にはたいてい過去世からの深い絆があるということです。

それはお互いに転生毎に家族の中での役割を変えながら、営々と深い繋がりを保ち、学びを繰り返しているというパターンであり、前世で母親だった人が今世では子どもの役割をしていることは決して特別なことではありません。

これはワンダラーでも古い時代にこの地球に来た魂であればそのパターンが見られます。しかし、近年やって来た魂の場合は初めてこの地球に降りてきているので、その深い繋がりというパターンは持っておらず、今まで全然家族として繋がりのなかった魂を親に選んで生まれて来るというパターンになっています。

これは主に無意識層の奥に秘めた記憶ということになるので、ワンダラーでもそういうことを覚えている人はほとんどいません。しかし、まれにそのことをハッキリと覚えている人もいます。

彼らは具体的に生まれる前の記憶として「空の上」から将来の自分の母親候補を選んだことや、その「空の上」に自分は仲間といたこと、またそこまでは仲間と一緒に船に乗ってやってきたことなども覚えており、私はそういう話を何回も聞かされています。

これは産婦人科医の池川明先生が『ママのおなかをえらんできたよ。』（リヨン社）という本にも子どもたちの持つ胎内記憶として同じことが詳しく書かれています。つまり先ほど書いたように、家族が家族として過去世から営々と絡み合いながら転生を繰りかえすという通常のパターンではなく、まったく違うところから来て空の上から母親を選び、ピョンとこの地球に転生してくる魂があるのです。

池川先生は特にその子どもたちのことをワンダラーだとは言っていませんが、私はこれを宇宙から地球を目指してやってくるワンダラーの典型的なパターンだと思っています。

そしてそのワンダラーですが、地球のアセンションが間近になってきた近年、どうもその数が大幅に増えて来ているのではないかと私は推測しています。

つまり、ワンダラーの本来の目的は地球のアセンションをサポートするというものなのですが、その地球の上に自分がいるということは自分たちのアセンションも飛躍的に加速されるという側面があるため、大急ぎでこの地球に降りて来ている魂が増えているようなのです。

今、「自分のアセンション」とは書かずに「自分たちのアセンション」と書きましたが、なぜ個体としてこの地球に来ているのに「自分たち」に繋がるのかということについて、これは宇宙のスタンダードとも関わることなので簡単にご説明しておきます。

この地球では個人と個人の間の境界線は肉体を持ってはっきりとひかれていますが、それが通常の宇宙になると、境界線は薄くなってきます。

これは宇宙のスタンダードでは、波動がほとんど同じ個体が集まっているということからも説明できます。元々宇宙の生命には顕在意識と無意識の分離そのものが希薄なため、個体同士は私たちが言う集合的無意識（個人を超えて民族や人類に共通する普遍的な意識）をもある程度認識しているので、お互いに根底で繋がっているという実感があるのです。

そのため、ある個体が体験することは全員の共通体験になるので、代表としてこの地球にやって来るということは、いわば全員がここにやって来ているということになるのです。

これは前作『はじめてのチャネリング』にも書いたソウルメイトの関係とよく似た意味です。この地球では意識は一体ではなく、顕在意識と無意識に分離されているので、お互いに根底で繋がっているという実感がないのです。

やはりワンダラーは増えている

さて、ワンダラーが増えてきているのではないかという話に戻ります。

さきほどの池川先生が長野県塩尻市で19の保育園を対象に２００３年に行ったアンケートでは、配布したアンケート１８２８枚のうち７８２枚（43％）に回答があり、その中で胎内での記憶があると答えた子どもは２４３名（31％）にも及んだということです。

２０００年に長野県諏訪市で行ったアンケートでは、回収した８３８名（47％）中２８８名（34％）に胎内記憶があるという結果でした。つまり両方を合わせると１６２０名のうち５３１名（32・７％）の子どもが胎内での記憶を持っているということになります。

その記憶の持ち主の中には子宮内以降の記憶を持っている子どももいますので、胎内記憶がある子ども全員がワンダラーだとは言い切れませんし、この結果だけを見て最近この地球に転生してきている宇宙の魂が増えていると言えるわけではありません。しかし、いろいろな状況と合わせて見てみると、私にはそういう魂が増えだした時代になって来ているという確信めいた推測が出てくるのです。

ただ、再度申し上げますが、これはあくまでも前記も含めて私が知り得た断片的な情報をもってそう思っているだけのことですので（こういうことを大規模に調査する人はまずいないでしょうが）、これを持って断定が出来るものではありません。

しかしなぜ、私がワンダラーが増えてきたという推測をしているのか、情報の一部ではありますが、それを以下にお話しします。

私のワークで時々スタッフをしてくれているA子さんという女性がいます。

彼女は典型的なワンダラーの意識の持ち主なのですが、ご本人はさっぱりそういった気負いがなく、自然に自分のやりたいことをやって人生を楽しんでいる人です。

これはそんなA子さんから聞いた話です。

彼女の友人2名が出産のために偶然同じ産院に入院したのだそうです。

その友人2名は個々にA子さんの友だちではありますが、お互いは知り合いではないので大きな産院で個室ということもあり、別に院内で会ったり話をしたりするということはありません。

ただ、A子さんにとっては一度に2人のお見舞いが出来るので好都合ということになります。

ある日、Ａ子さんは２人分まとめてお見舞いに行きました。

その時、Ａ子さんは１人目の友人からこんな奇妙な夢についての話を聞いたのです。

それは、その女性が記憶している夢の中で、どうも自分はこの産院からＵＦＯの中に連れて行かれ、そしてその中で臨月のお腹を宇宙人に調べられたような気がする……というものでした。

おかしな夢もあるものだね……と言いながらＡ子さんが次の友人の病室に見舞いに行ったところ、なんと次の友人も先の友人とまったく同じく、「この産院からＵＦＯの中に連れて行かれて臨月のお腹を宇宙人に調べられた夢を見た」とＡ子さんに話しだしたのです。

また、これはある保育士から聞いた話です。

それは３歳児の子どもの話なのですが、その子はちょっと変わっているため他の子どもとの交流が不得手で、先生のいいつけも全然守れないためよく叱られていました。

そしてある日、またまた先生の言いつけを守れなかったので少し厳しめに叱られたところ、その子の口から堰を切ったようにこんな叫びが出てきたのだそうです。

「だからボクはこんな星に降りてきたくなかったんだ!!」

つまり、これらが本当のことであるとすれば、私たち大人がアセンションは来るとか来ないとか議論をしている間に、着々とワンダラーはこの地球に産まれて来ているということになるのかもしれません。

ただ、今のこの地球に降りてきている魂の最近の一部のケースでは見通しが甘く……つまりこの現代の地球の波動のあまりの荒さに適応出来ず、地球に降りて（生まれて）はきたものの、外の世界に馴染めないという事態も増えてきているように私は推測をしています。

私は以前、不登校専門の心理カウンセラーから話を聞いたことがあります。彼によると、そういう不登校の子どもたち全員ではないけれども、かなりの割合で彼らの霊性というものは非常に高く、今の大人にとっては到底理解できないだろうと言うのです。

私は専門家ではありませんし、そういった子どもたちと交流もありませんので分かったようなことは言えません。だからと言って、この不登校はいずれにしてもいい状態であるはずはないので、これをもってその子が不登校であることを正当化するのはワンダラーであろうがなかろうが、単なる逃避ということになるでしょう。

しかしながら、場合によりですが、先ほど書いたような見地からその子どもを見てあげるということは必要なことではないか？　と私は思うのです。

そして、もしもその子どもたちの親御さんがこの「宇宙から降りてきた魂」という一般の人にとってはトンデモない話を受け入れてくれるのであれば、本当は自分がその子どもたちのケアが出来るに値する人間であることを思い出すことが出来るかもしれません。

なぜなら、宇宙から新しく降りてくる魂は、自分たちを理解し、受け入れてくれる魂……つまり宇宙から降りてきた先輩の魂のもとに生まれることがほとんどだからです。

いずれにしても、このように宇宙から地球に降りてきている魂は、古い順にインディゴチルドレン、クリスタルチルドレン、レインボーチルドレンと呼ばれており、それぞれがこの地球の変革に合わせ、その世代なりの役割を持って生まれて来ていると言われています。

それでもその魂たちは、一応は自分がいた世界ではなくて現実的な地球の世界の住人としての意識を持っているものです。しかし、実際に私が個人的に知っている子どもの中には、もはやチャネリングというジャンルには入らない……つまり「高次元と通信する」という感覚ではなくて、「高次元の意識体そのもの」のような子どもも何人かいます。

その中には、大人でも量子力学を専攻している大学生でないと分かっている人はまずいないであろうパラレルワールド（平行宇宙・多世界解釈）の概念について、幼い顔とは裏腹に澱みなく平気でスラスラと解説したりする子もいて、私には難し過ぎてついていけなかった経験があります。

ただ、こういう子どもたちが出てきたからといって、私たち大人が焦る必要はまったくありません。

なぜなら、ごく最近のワークの傾向として、ワンダラーとは関係なく「蓋が開く」人も出てき始めていますので、もうそろそろ多くの人に宇宙からの波動の上昇により目覚めが始まる時代になりつつあるからです。

また、たとえワンダラーであっても人間としての転生が多い場合は、その意識の表面に過去世に形成されたカルマやブロックが強固に存在していることが多いのです。そのため、

「蓋が開く」までに昇華すべき課題を順番にこなしていかなければならない人も多々います。

つまり、人類全体の底上げが始まるこれからの時代、先遣的に主にワンダラーが目覚めるという時期はそろそろ終わり、次の全体の目覚めの段階に移行していくのではないかと私は思っています。

そしてこの目覚めの過程を経て、私たちは本当の自分に戻っていくわけです。しかしながら、いきなり究極の波動を獲得できるということは絶対にありませんので、とりあえずはそれぞれの状態に応じた波動世界に落ち着くようになっていきます。

第2章

大いなる意識の流れに乗るために

波動の分極化

現代という時代は時間が濃縮され、出会いや別れが加速化してきているとよく言われています。

この人間関係の激しい変化を別の側面から見てみますと、私たちは出会いと別れを繰り返しながら、川の本流が支流に枝分かれしていくように個々にそれぞれ特定のグループに収束しつつあるようです。つまりこれはアセンションというものが、いよいよ待ったなしの時代に突入してきたということなのだろうと私は思っています。

『はじめてのチャネリング』で私は「引き寄せられるソウルメイト」ということを書いています。

これはカルマの解消の加速化のことを書いたのですが、その一方でこの一連の人間関係の激しい変化は、同じ波動領域の意識同士が集い始めるために起こっていることでもあるのです。

これはちょうど細胞の新陳代謝のように、10人の出会いがあればカルマを解消した後に7人が去っていき、今度は8人の出会いがあればカルマを解消した後に4人が去っていきというふうに、増えては減り減っては増えということを繰り返しながら、意識状態の近い、つまり同じ周波数の意識波動を持つ者同士が集まるように、何回も何回もふるいにかけられているということなのです。

これを私は「波動の分極化」と呼んでいます。

スピリチュアルの世界で一般的に言われているように、将来地球が2極化の世界に分化していくということは私もほぼ確実なことだと思っています。

しかし、これで私たちのアセンションが一息つくということはありません。その次にはさらにもっと波動が細分化されていき、細分化されたさまざまな波動領域の世界に私たちは個々に分岐して落ち着くことになるだろうと私は予測をしています。

宇宙のスタンダードでは個々の意識の集合する場（惑星等）は同じ領域の振動数を持つ波動同士が集まるようになっています。つまりこのことは、最近「引き寄せの法則」として表現されているように、今という時代は宇宙のスタンダードに戻るべく、同じ領域の波動同士がもうその準備として着々と集結をし始めだしたということなのです。

逆に言うと、高音領域から低音領域までさまざまな波動がごちゃ混ぜになっていた今までのこの地球が異常な状態であったわけですが、これは何回も言っているように、この地球が壮大な実験施設であるが故にそう設定されてきたためなのです。ですから、その実験の終焉に向かって、それぞれの魂が自分本来の波動世界へと集束されていくということは自然な流れです。

今までの地球では意識の波動が高い者も低い者も一緒くたになってスクランブルされ、それぞれがぶつかりあいながらお互いの出た部分を削り合い、学び合いながら切磋琢磨してきました。しかし、このことは大きな変化を迎えるにあたり、そろそろそれぞれの波動の世界に移行する助走が始まりだしたということなのです。

私の周囲でも『はじめてのチャネリング』を出版した当時のワーク関係者は今ではもう数えるほどしか残っていません。しかし新たに出会った人たちが私と同じ意識世界の価値観を持ってお互いに協力し、前に進もうとしてくれています。

アセンションの前にあるさまざまな意識状態

さて、いよいよその「波動の分極化」を迎えるにあたり、なるべく私たちが自分本来の波動に戻れるようにさまざまな意識状態についていろいろな観点からお話しをしていきます。その前に私たちが、なぜこの地球という壮大な実験場でこういう体験をしているのかということを思い出していただくため、前の本からもう一度まとめてみます。

私たちはこの地球での壮大な実験に参加するにあたり、ハイアーセルフも神も、すべてを内包していた自分の意識を「顕在意識」と「無意識」にあえて分離させました。

この分離した「顕在意識」と「無意識」を再度統合する過程では、さまざまな闇や「自己否定」を経験し、それを受け入れて癒し、「自分を思いやる愛」というものを自分の力で発掘していくことになります。そしてそれは、本当は自分自身が「神性」そのものであったという究極の意識を復活させるための設定だったのです。

この波動の荒い地球での体験を乗り越えて私たちが最終的に得るものは、以前よりも増して遥かに強力な光です。

そして、いよいよこの壮大な実験が終わるにあたり、私たちは最終的に得た意識の波動を持って、通常のスタンダードな宇宙に還ることになります。

スタンダードな宇宙とは、先ほども説明したように同じ波動を持った意識体同士が一つの惑星なりに存在するというものです。

つまり、この地球のように低い波動から高い波動までがシャッフルされているのは、実験場だからこその世界であり、この状態は本来の宇宙の姿ではないのです。

今後の私たちは、波動の2極化を経た後にさらに細かく自分の波動に合った世界へと移行してくことになります。

これからご説明するのは究極の意識に至る過程で私たちが体験するさまざまな波動の状態ですが、これらは波動の分極化のすべてではなく、その中のいくつかの例ということです。

これらは究極の意識……つまり「悟り」という究極の終着駅に至るまでに一時停車しがちな「途中停車駅」のいくつかです。しかしくれぐれも自分が今どういった停車駅にいるのかということで、人と比べて自分はどうだとかこうだとかいう考えは持たないようにしてください。

そういう「人と比べて自分はどうなのか？」という価値観……つまり「他と比較しなければ自分が確認出来ない」ということ自体が、自分を尊重していないということであり、それが地球に生まれついたために持ってしまった特有の意識の低さであり弱さなのです。

私たちはとかく人から自分はどう見られているのかを気にするあまり、それに振り回され、自分のことを低く評価してしまいがちになります。しかし、宇宙はまったくそうではありません。

なぜなら私たちがどんな状態にあろうが、宇宙は全面的に私たちを愛しているからです。

たとえば、あなたが桜の木だとします。そして宇宙は桜の木が好きでそれを育てているとします。

宇宙が愛するのは桜の木が芽を出した頃でしょうか？

それとも低木ながらもスクスクと育ち始めた頃でしょうか？

それとも大きくなって蕾を付けたころでしょうか？

それとも宇宙はピンクの花が満開になって綺麗になった瞬間だけを愛するのでしょう

か？

そうではありませんよね？

愛するということは、相手がどんな状態であろうが相手のことを全面的に愛しているということです。

これがそれぞれの人の意識状態に対しての宇宙のスタンスであり、そこには私たちがどんな状態であろうが全面的な愛があるのです。

ただ、全面的に愛しているからこそ、桜の木が本来の目的である光のほうを向くように、少しでも光に向かってスクスク伸びて行くように、宇宙の真理に目覚めるようにサポートをする……これが本当の宇宙の愛です。

つまり、せっかく生命を持って生まれてきたのだから、「上に伸びるのが面倒だ」とか「開花する努力がしんどい」とか、なんだかんだと理由を付けて逃避し、堕落していく桜の木を「オールＯＫ」という無責任な態度で宇宙がそのまま放っておくということはあり得ません。もしもそういうことがあるとすれば、それは宇宙があなたを愛していないということなのです。

私が考えるに、最も大切なのはその人の意識の波動状態にあるのではなくて、その人が持っている向上しようとする意思の力＝「情熱と誠実さ」です。

そしてこの地球にいるということ……つまりこの究極の実験場に転生してきているということ、もうそれだけで私たちは魂の根底に情熱と誠実さを兼ね備えているのです。

ただ、これは私も含めてすべての人がそうなのですが、魂の上に私たちはエゴやブロック等、なんらかのノイズを貯めこんでいるためその本質にたどりつけず、本当の意志の力を発揮できずにいるのです。

オールＯＫ？

「オールＯＫ」「すべては学びの段階」という考えは、すべてを許すマザーヒーリングの世界観で、今の日本ではこの「癒しの愛＝マザーヒーリング」がかなりもてはやされています。

しかし、これは大変な勘違いを生み出しかねないと私は思っています。

相手がどんな状態であろうが愛するということに私も異論はありません。しかし、堕落していく人……道を踏み外し、「逃避と依存の世界」を「スピリチュアル」と都合よく解釈してしまう人に「オールＯＫ」「すべては学びの段階」という錯覚を与えてしまうのは、ますます霊性を低下させることになりかねないと私は思っています。

人間が霊性を落としていくのを「すべては学びの段階」として認めてしまうのは、実は相手を愛していないということです。本当の愛とは、そこに常に宇宙の基本的な方向性を示す「厳しい愛＝ファザーヒーリング」も内包すべきなのです。

極端な話、覚せい剤に溺れていく人までをも「オールＯＫ」という人はいないと思います。しかし、闇はいかにもそういう正論らしい言葉を巧みに使って人間を堕落させようとしますので、そういう言葉には十分に注意をする必要があります。

興味本位という意識状態

さて、スピリチュアルの世界では、全員ではありませんが、かなりのケースでこの世界に興味を持った人が最初に経験する意識状態というものがあります。

それは一言で言うと「興味本位」という状態です。

これは前にも書いたように、スピリチュアルというものをアミューズメント感覚で捉え、ワンダラーと言われたいことだけが目的の人たちの意識状態もそこにあります。

つまり、発展段階の途中で「幽霊を見た」とほとんど同系列に「ワンダラー」とか「空中浮遊」とかいうことに興味を持つ意識状態があるのですが、これはそうだからいけないということではありません。

好奇心というものは人間が発展していく上での原動力です。自分が見たこともない世界に興味を惹かれることは当然であり、私も含めほとんどの人にとってスピリチュアルの世界に入るきっかけは「興味本位」だと思います。

ですから、そのことに否定感を持つ必要性は全然ありません。しかし、いつまでたってもそればかりにしか興味がないというのは、それ以上に意識が上がる可能性を閉ざしているということです。

つまり、自分の内面であるとかエゴやブロックの把握にも目を向けることが次の段階として必要であると私は思います。

ただ、ここでさらに注意をしたいのは、この「幽霊を見た」ということに興味のない人であっても「ナスカの地上絵はＵＦＯの滑走路だった!!」（ＵＦＯが空気抵抗で飛ぶわけではないにもかかわらず）とか「ピラミッドの地下に古代のディスクが隠されている!!」とか、いつまでたっても検証されないような、怪しいけれども目新しい情報であればそれに夢中になって興味を示したりすることがあります。

しかし、これもまた話がややマニアックになっただけのことで、基本的には興味本位であることにかわりはありません。私たちが意識を上げていくということは「スピリチュアル耳年増」になるということではなく、また「スピリチュアル情報通」になるということでもないと私は思います。

知識だけでは意識は上がらない

私たちが意識を上げていくということは「知識」ではなくて、あくまでも「体験」でしか得られないものです。
しかし、この「体験」ということを経験したことのない場合は、意識の状態について、知っている……つまり「知識」によって自分はその意識の状態にあると錯覚してしまうということがよくあります。

たとえば100冊の恋愛小説を読むよりも、一回の失恋のほうが人生は深みを増すと言えばお分かりいただけるでしょうか?

「知識がある」ことと「その意識に達している」ことはまったく別物です。しかし、勉強家の人はいろいろ難しい本を読んで「知っている」ため、その「知識と意識は違う」ということすらも知っていることにより、自分はその意識に到達しているものだと思いこんでしまっている傾向にあります。

少々ややこしい話になってしまいましたので、その「知識がある」ことと、「その意識に達している」状態の違いについて簡単に説明します。

たとえば、「無償の愛」という霊性の状態があります。

これは見返りを求めずただ差し出すだけの愛であり、それは打算も計算もない愛というものです。

知識でそのことを知る人は、その意識状態を賛美し、共感し、「その通りだ、それこそが本物の愛だ」と感動します。

しかし、共感し感動したからといってもその人がその意識状態になっているわけではないのです。

こういう話を聞いたことがあると思います。

「愛は与えるもの。与えれば与えるほど自分に愛が返ってくる。だから人を愛しましょう」

一言で言うと、これは「無償の愛」ではありません。

相手から返ってくることを期待するのは「欲」であり、愛は取り引きではないのです。

無償の愛とは

ある僧侶から聞いた法話を例に挙げて説明します。

駅にお婆さんがいます。彼女は大きくて重い荷物を抱えており、やっとの思いで一段ずつホームへの階段を登っています。

下から階段を上がってきたあなたはそれを見て、「お手伝いしましょう」と、お婆さんの重い荷物を抱えてなんとかホームまで運んであげました。

あなたは無償の愛を実践したと思っています。

ところがお婆さんはホームまで着くと、あなたの顔も見ず、礼も言わずに荷物を受け取りさっさと電車に乗り込んでしまいました。

あなたはムッとします。

「せっかく運んであげたのに、なんて失礼な人なんだろう！」

はい、これであなたのとった行動が無償の愛ではないということが明らかになりました。あなたは実は「お礼という名の報奨」が欲しかったのです。

もう少し厳しい言い方をすれば、あなたは人から認められ感謝されるから愛を実践しているのであり、それがなかったら怒り出すわけです。しかし、もしもあなたが「無償の愛」の意識レベルに到達していれば、お婆さんがそういう態度をとったとしてもまったく気にならないはずなのです。

つまり、この人にとって「無償の愛」は知識として知っていただけのことであり、その意識には至っていなかったということです。

今の話は分かりやすい例ですが、私たちはこれに類したことを毎日のように体験しています。

ヒーラーを目指すということ

たとえば私のワークにはヒーラーを目指している人も来ます。そしてそういう人は、総じて「人のために尽くしたい」という気持ちを当然持って来ています。

しかし、ヒーラーになりたいというその動機の中に自己陶酔というものを持っている人がやはり時々いるのです。

つまり、その人の奥底では相手の人は本当はどうでもよく、ただ単に「人を癒している自分」を演じたいのです。要するにその人は「ヒーリングをしている自分」に酔いたいだけで、本音はクライアントを自己陶酔を得るための道具としてしか見ていないのです。ところが、やっかいなことにかなりのケースで、ご本人はそのことにはまったく気が付いてはいません。

波動チューニングの際、そういう人のブロックの傾向は「我が事」、つまり、過去世であれ今世であれ自分はこんな仕打ちを受けてしまって悲しいとか、自分はこれを失ったから悲しいとか、意識の向いている方向が「被害者としての自分」にあったり、「世間から認められない自分」という悔しさであったりします。要するに「人を癒したい」という顕在意識とは違い、無意識領域は「我が事」の方向を向いていることがほとんどです。

そのため、その人にとっての先決問題は「自分自身を浄化し、癒す」ことなのですが、そのことを顕在意識では感知していません。そこで、本人の無意識層から湧き上がってくる「癒されたい」という願望が変形して「ヒーリングをしている自分に自己陶酔をする」ことで自分を癒そうとしているのです。

また同様に、相手に自分を「投影」し、相手を癒すことで、その欲求を代理的に満たそうともしているのです。

ここで誤解しないでいただきたいのは、私は「我が事」というブロックがよくないと言っているのではありません。そういう傾向のブロックが癒せないと、より大きな「人のために尽くしたい」という意識を目覚めさせることは出来ないということを言っているのです。

逆に言うと、本来は「人のために尽くしたい」という崇高な意識の持ち主であっても、あまりにもつらい「我が事」のブロックがある場合、まずそれを癒すことが先決であり、それをおろそかにしていては本当の目覚めも始まりませんし、せっかくヒーリングをしてもそこに流れるのは低いエネルギーであり、逆に相手を疲れさせてしまうことになるのです。

そのブロックが癒せた後、地球環境や人間愛に根本的に目覚め、そのことが自分のすべての心の痛みであり、そのためにすべてを捧げる用意があるという、ヒーラーとして本物の「無償の愛」の意識に目覚める人もいます。また、次の「我が事」のブロックが浮上してくる人もいます。

つまり、ヒーラーになりたいという気持ちがあり、その方向に進みたいのであれば、あとは意志の問題なのです。

自分の内なるブロックを探り、自分が浄化され、無意識領域に「人のために尽くしたい」という意識が芽生えれば、すべての意識が統一され同じ方向のベクトルを持つことになります。そうすると必ずシンクロニシティが起こり、次の道に進めるようになるということ――これは最初に書いたようにアンバランスな状態をバランスの取れた状態に戻すということです。

逆に言うと、「我が事」のブロックを放置したままなんらかのテクニックを身に着けても、基本的な無意識領域の自分が根本的に目覚めていなければ、シンクロニシティはやって来ないものなのです。

もしも焦って自己浄化をおざなりにしたまま、なんらかのサイキックな能力を外部から得ようなどとテクニックばかりに走ったりすると、その気持ちに共振して闇からお誘いが来るようになりますし、不安定な意識状態にもなり得ます。

この危険性は、私に限らずいろんな人が言っているのですが、目先の派手さに引き寄せられてそういうエネルギーに気軽に入り込んでしまう人が、後を絶ちません。

サイキックを求める心

こういう例があります。

B子さんはプロのヒーラーになるのが夢で、自分の夢を実現するためにさまざまな本を読み、ワークやセッションに参加していました。

しかし、いくらお金と時間を使っても、彼女は波動を感じたりヴィジョンが見えたりという体験が出来ないため落ち込むことが多く、「自分はヒーラーになれない」と嘆いてばかりいました。

ですから、B子さんはとにかくサイキックな人や不思議な体験、怪しい健康食品やパワースポットなど、そういう人やワークなどを聞きつけると少々高額でも迷わずにあれこれと参加したり購入したりしていました。

そんなB子さんにある日、こういうセミナーの噂が入って来ました。

それはとにかくもの凄いヒーラーがいるという話で、その人のセミナーに参加すれば病気が治るし、その場にいればキリストや天使のエネルギーを感じることが出来るし、人によっては実際にキリストや天使のヴィジョンも見えるというものでした。

さて、その日がやってきて彼女はそのセミナーに参加しました。

あいにく彼女にはヴィジョンは見えなかったのですが、他の参加者には光の十字架が見えたり、マリアが見えたりする人もいて感動のあまり泣き出す人もいました。

しかしその反面、一部の敏感なチャネラーはセミナー開始後早々に会場から出て行きました。また、冷静に現実を注視出来る人は、その中心になっているヒーラーを皆で手を繋いで囲む段階になって、囲んでいる人たちの忘我のごとく陶酔している目に違和感を感じ、同じように出て行きました。

肝心の病気が治ったのかどうかは、その後検証するような話が出てきていないので私には分かりません。

しかし、そのセミナーの直後、私のもとに少なからずの人から何件か相談がありました。その多くは「あのセミナーに参加してから体調が悪くなった」というものでした。

中でも最悪のものは「仲良しグループであのセミナーに参加したのですが、セミナーからの帰り、数名の人が混乱状態になって『寄り目』になってしまったり、霊感の強い人が普段は穏やかなのに顔つきが変わり、非常に攻撃的になったりしてしまいました。どうしたらいいでしょうか?」というものでした。

私は基本的に人の行動と結果はすべて自己責任で収めることだと思っていますので、こういう相談には乗りません。

ただ、「『そこに行けば病気が治る』ということを売りにしている時点で『怪しい』と思えないようであれば、何回でも同じ経験をしてしまいますよ」とだけ御注意は申し上げました。


まさかと思われるかもしれませんが、実は闇にとって敏感な人にキリストやマリアのヴィジョンを見せることなどた易いことなのです。

後に詳しく説明をしますが、それが個人であろうが集団でやるセミナーであろうが、人が催眠や変性意識的な状態であれば、闇は簡単にその人の心に取り憑くことが出来ます。

しかし、闇は万能ということではなく、やはり取り憑きにくい人と取り憑きやすい人がいて、闇は主体性のないふわふわとした人に好んで取り憑こうとします。

これは簡単に理解できると思いますが、仮にもしもあなたが闇であれば、しっかりと自分を持っている人よりも、主体性のないふわふわした人を狙うほうが取り憑きやすいと思うはずです。

いずれにしても、このセミナーでは実はそのヒーラーは主役ではなく、その後ろに隠れて浮ついた参加者を狙う闇が本当の主役だったのです。

「そこに行けば病気が治る」というセミナー自体がすでに依存的ですし、充分怪しい話なのですが、闇はそういうことが売りの「撒き餌」を通して「怪しさに無防備な人」や「依存心を持ってふわふわした人」を集めるのです。

つまり、その会場でそのヒーラーを見て興奮し「浮ついた人が我を忘れる状態」になるのを本当の主役は準備万端で待っていたのであり、今回はその思惑通りになったということです。

このように、サイキックな体験や不思議現象ばかりに気持ちを捉われていると、本当に自分自身を乗っ取られることもあります。

このB子さんは今回は難を逃れることが出来たのですが、これからもこの調子でいるとすれば遅かれ早かれなんらかの被害を受けることになるかもしれません。

彼女は、何かテクニックを身に付けることで自分はヒーラーになれると思い込んでいました。

その浮ついた心が闇に狙われるのです。この「大きな勘違い」に気が付かないと、いつまでたってもB子さんは真のヒーラーにはなれないと私は思います。

しかし先ほども書きましたように、「知識がある」ことと、「その意識に達している」こととは別です。だからこそ、大きな痛みの体験という段階を一度経なければ、この手のことは分からないのかも知れません。

この意識状態にある人は意外とたくさんいます。また、ヒーラーになるための動機が愛ではなく、違うところにある人もたくさんいます。

つまり、自分自身のことが見えておらず、「人のために尽くしたい」という気持ちがあっても、それは自分が自分についている嘘という場合が多々あるのです。

多くの人は「人のために尽くしたい」という無償の愛を持っていると思い込んでいます。しかし先ほどから書いているように、それが本人の思い込みでなく、根底に「人のために尽くしている自分に酔いたい」というエゴがそこにないか、ヒーラーは常に自分の内面を振り返る必要があります。

つまり自分自身の本音というものがしっかり観察できていないと、その本音の中に自己陶酔というエゴが隠れていることに気付けないのです。

人によっては、エゴから発生したものであろうが無償の愛から発生したものであろうが、結果的にヒーリングは同じものなのでは？　と思うかも知れません。

しかしエネルギーとは波動なのです。つまり、よこしまな自己愛から出てくるエネルギーは波動が低く、人を癒すどころかその人からエネルギーを奪うものなのです。

エゴを観察するということは、スピリチュアルであろうがなかろうが、基本的に人として高い意識を持ち続けるためにとても大事なことです。

日々の雑多な感情や思考の流れは「雑音」となってその人の高い意識を隠してしまうものです。そしてその「雑音」を把握出来ているかどうかということが、その人の精神性に大きく関わってきます。

私たちの主体はその「雑音」ではありません。

私たちの主体はその「雑音」を観察している者なのです。

本気で人を癒したいのであれば、テクニックなどには走らず、たとえ自分自身が消滅してでも宇宙の意識と同化するという覚悟が必要です。

すべてを投げ出してでも宇宙の意識と同化するという覚悟……

基本的にこの覚悟が持てないのであればヒーラーを目指すことを私はお勧めしません。

シンクロニシティがやってくる人

最初に書いたように、この３次元世界の基本は高次元が反映されたものです。

ですから、すべての事象……物質も時間も出会いという機会も「愛」がエネルギーとなって現実化しています。

そしてそれらは「大いなる意識」によって一つの方向に大河の如く流れています。

その「大いなる意識」の流れにあなたが乗るということは、あなたの前にも後ろにも横にも同じ方向を目指すエネルギーの流れがあるということです。

あなたがその流れに乗っている限り、それら同じ方向を目指すエネルギーにあなたは必然的に接触し、交流を持つことになります。

その交通整理をしているのは各個々人について見守っている意識体で、この意識体は、一般的にガイドと呼ばれています。

彼らは個々の意識体ではありますが、根底ではガイド同士がお互いに繋がっているので、人間全体を見守り把握しながらそのガイドが担当している個人をも同時に見守っています。つまり、ガイド各自は一つのパソコンではありますが、それはメインコンピューター（ワンネス）と繋がっているので、全体の交通整理を把握しながら個々を導いているのです。

私のワークスタッフでこんな経験をした例があります。

彼女は人間的な悩みや苦悩も持っていますが、見せかけではない本物の愛を持っている人で、その愛を行動により現実化していくタイプの活動家です。

彼女は私のワークスタッフ以外にも仕事の傍らでいろんな活動をしています。ある時彼女は、病気や障害を持つ子どもたちも含め、すべてのものは必要があって存在し、ひとりひとりがかけがえのない生命なんだ……ということを描いた養護学校教諭の山元加津子さんのドキュメンタリー映画『1／4の奇跡』の上映会を企画しました。

上映の実現に向け、行動派の彼女はインターネットや電話は使わずに、直接いろんな会場に足を運ぶという方法をとり、上映会場の空きがあるかを当たって回りました。
しかし、監督の入江富美子さんの講演やイベントも同時にやりたいので「隣同士の3部屋が連続で空いていること」という難しい希望がありました。そのため、なかなか空いている会場に巡り合えず、努力の甲斐も虚しく10月の上映会予定を控えた2カ月前の8月になってもまだ会場が見つかりませんでした。かなり切羽詰まった状況になってしまったのです。

そんなある日、会社から出ようとした時に彼女は同僚が車で退社するところに出くわしました。

駅まで送ってくれるとのことなので感謝して車に乗りました。しかし、その前に人からとある会場のことを教えられていたので、無理をお願いしてその同僚にその会場まで送ってもらうことになりました。

会場に到着後、同僚に車で待っていてもらい、早速事務所に申し込みに行ったのですが、案の定2カ月前でしかも土日3部屋連続なんて空いているはずもありません。

10月を希望しているにもかかわらず、「平日なら来年3月、土日なら来年5月になります」と言われ、彼女はうなだれて車に戻りました。

かなりの時間同僚に待ってもらっていたので、お詫びに食事を奢ろうと最寄りのレストランに向かう途中、彼女はバッグの中から携帯がなくなっていることに気が付きました。呆れる同僚にお願いをして自分の携帯に電話してもらったところ、先ほどの事務所の人が出て、「忘れものとしてここで預かっている」とのことでした。

バッグから出した記憶がないのに何故？　と不思議に思いながらも、彼女はまたまた同僚に平謝りをして会場に戻ってもらいました。

事務所前に戻り、恐縮しながらドアを開けた彼女を待っていたのは……

そこの職員さん一同の「驚嘆の声」でした。

「必然ですか？」「普通、有り得ないですよね」「ビックリしました」「奇跡ですね」

なんと彼女が事務所に戻るほんのわずかの間、そのたった数分の間に隣接した3部屋一つずつに立て続けで3件連続キャンセルの電話が入ったというのです。

彼女はお蔭でそこの会場を抑えることが出来、企画した10月の上映会は大盛況のうちに終わりました。

これは典型的な例になりますが、「宇宙の愛を表現」した映画を、「宇宙の愛を持った人」が、「信念と情熱」のもとに、「地道な努力を絶やさず」に、あきらめずに行動すれば、それは必ず報われるのです。

これがシンクロニシティの原理です。

逆に言うと、自分で自分のことを「宇宙の愛を持った人」だと思っていても、そこに自己陶酔というエゴが隠れていたり、「地道な努力」をないがしろにして寝ころんだまま物事を運ぼうとしたりしていては、宇宙のサポートはありません。「信念と情熱」が伴わない限り、宇宙のサポートはないのです。

「大いなる意識」の流れ……その前や後ろを流れているエネルギーは、あなたのソウルメイトの場合もあるし、ガイドがそこに置いてくれた「時間」というタイミングであるかもしれません。

本当は誰でもその流れに乗れるはずなのです。

しかし、自分で「宇宙の愛」とは違う方向を向いてしまっているので、その流れに乗れないでいるのです。

その流れに乗るということは、「意識の生態系」に入るということです。

つまり、純粋でピュアな自分に素直になることが出来れば、それは簡単なことなのです。

違う方向に目を向けさせているのは「我が事」というブロックかも知れませんし、単純に「自分だけが儲けたい」というエゴイスティックな欲かも知れません。

これらは制限をされたアンバランスな状態ですので、そのままでは「大いなる意識」の流れにはうまく乗れないのです。

成功願望の「成功」

こういったシンクロニシティも含めて、かなりの人がいろいろとスピリチュアルについて学び、「成功」を得ようとしています。そして「成功」のみが目的でスピリチュアルの世界を探求している人もたくさんいます。

たとえば「成功の法則」とか、「願望実現」とか、魅力的なタイトルの本がよく売れているそうですが、この「成功」については、人さまざまな解釈があると思います。一般的には立身出世や大金持ちになるということが「成功」であると考え、そういった本を買っている人が多いと思います。

立身出世や大金持ちになる願望を持つことについて、私は別にそれはそれでいいと思いますが、最も大事なことについては考えていない人が多いのではないかと思っています。

最も大事なこと……それは自分がなぜ立身出世や大金持ちを望むのかという「動機」。そして、それが達成された時に一体自分はその立場を得てなにがしたいのか？　という最終的な「目的」です。

これらについては空白のまま、ただ単に立身出世そのものが目的ということであれば、それは単にエゴに振り回されているだけのことです。また、大金持ちになったとしてもその先になんのヴィジョンもなく、ただ単に贅沢をしたいということだけが目的であれば、それもまたエゴに振り回されているだけのことです。

たとえば、このエゴから生じる「欲」が動機でお金や権力等を求め、ある程度の結果を得たとします。

しかし、いくらお金を得てもいくら社会で権力者になっても「欲」は消えることがないので、それが心の中にある限り「もっと、もっと」は続くのです。

ですから、それが中毒症状であることに自分で気が付かない限り、その人は一生その飢餓感に苛まれ、苦しい人生を歩むことになります。

また、基本的にエゴが求める「成功」は、自分に対する思いやりはあっても自分以外に対する思いやりはありません。

たとえば株などはその典型的なものです。株で成功した結果儲けるということは、必ずどこかの誰かが失敗して損をしているということです。

つまりこの場合の成功とは常に「失敗者」を必要としているのです。

これは、もしもその人が他者に対して失敗を求めていないとしても、自分の「成功」にのみにフォーカスをあて、他者のことに無関心であればそれは根底では同じことです。

ですから、それがたとえ見知らぬ人であっても集合的無意識下で恨みを買うこともありますし、結果的にカルマを増やすことにもなります。

これをもっと大きく解釈すると、エゴが求める「成功」とは、果てることのない我欲に振り回されているということなのです。それは有限の地球で無限の我欲を満たそうという不調和なものであり、これは意識の生態系を崩していくものです。

一方、立身出世や大金持ちになりたいというその「動機」に「愛」があり、その立場を得てからこういうことがしたいという「目的」があるのであれば、その人の求める「成功」は意識の生態系に組み込まれていきます。

たとえば、国会議員になってこの社会をよりよくしたいという「愛」が動機の「目的」があれば、それは宇宙からのシンクロニシティを引き寄せることになります。

また、自分に対する思いやりと同時に自分以外に対する思いやりを保ちながら大金持ちになって、その財力を環境保護活動に向けようということであれば、それもまた宇宙の流れに沿ったものなので意識の生態系に組み込まれていきます。

要するに先ほどから私が言っていることは、人は「成功」によって自分は幸せになれると思い込んでいますが、エゴに振り回されている場合、基本的にこの「成功」でいくらお金を得ても、どんなに偉い立場に出世しても飢餓感が消えることはないので、一生満足することは出来ないのです。

この状態を仏教では「餓鬼」と呼び、特にどんなに贅沢をしても満足できない状態を「多財餓鬼」と分類しています。

これは生きる歓びを完全に見失い、苦しみばかりが自分の底から湧きあがり続けている状態ということです。

そういった苦しみから逃れるには、やはりお金や権力への執着を解消するしかありません。そして、この解消法は、先ほども書いたように知識ではなくて体験学習でしか学べないと私は思っています。

たとえばよく世間にある話として、「通常の金利以上のあり得ない高金利の金融商品だったのでそこにお金をつぎ込んだところ、全部騙し取られてしまった」という典型的な詐欺事件というものがあります。

これは騙された方には大変お気の毒なのですが、こういった怪しい話に目が眩む人の中には「裏の手を使ってでも儲けたい」という欲望があるのです。そのため、その欲の波動が同じ波動……つまり「裏の手を使ってでも儲けたい」という欲を持つ詐欺師（闇）とお互いに引き寄せあってしまっているのです。

これは被害者も加害者も同じ波動領域の人間ということであり、ひょっとしたら過去世では反対の立場だったのかもしれず、そのカルマがあるから今世ではそれを解消しているのかもしれないのです。

ですから、騙される側であれば、お金を稼ごうという気持ちの背景にあった自分の際限ない欲望がこういう被害を引き起こしてしまった……ということに気付くことが出来たらそれが成果です。また、騙した側のほうもお金を稼ごうという気持ちの背景にあった自分の際限ない欲望がこういう罪を引き起こしてしまった……ということに気付くことが出来たらそれが成果なのです。

しかし現実には、そこに学べる機会があるにもかかわらず反省はなく、単なる怒号と罵声の興奮した感情が行き交うばかりになる場合が多く、そこから学べていないケースが多々あるように見受けられます。

自分の中の光が求める「成功」の場合、本来その根底に飢餓感というものはありません。先ほど例にあげた私のワークスタッフの女性は「宇宙の愛」が動機にあり、それを行動に移したので「願望」を「成功」させました。また、最近『奇跡のリンゴ』という本で話題になっている木村秋則さんも「宇宙の愛」に従って苦しく地道な努力を続けた結果、絶対不可能と言われたりんごの無農薬栽培に見事に「成功」しました。

確かにその「成功」に行きつくまでは大変苦しい思いをされたと思います。

しかし、それは先ほども書いたように「信念と情熱」を試されているということであり、地道な努力を絶やさずにあきらめずに行動すれば、その人の意思が宇宙の意思に沿っている限り必ず「成功」はやってくるのです。

こういう言葉があります。

神は私に成功をおさめることではなく、真心をつくすように命じた。

——マザー・テレサ

ここでマザー・テレサが言っている「成功」とは、エゴが求める「成功」を言っています。

真心をつくすという事の本質……私は、このマザー・テレサの意識状態になることこそが生きていく上での本当の「成功」だと思っています。

お金は意識を映しだす鏡

さてここで、今まで書いてきたことに対して余計な誤解を招かないために、あえて書き足すことがあります。

それはお金に対しての概念です。

先ほどまで私は「金欲」というものについて書いてきました。しかしこれを誤解してお金自体に嫌悪感を持ったり、お金を稼ぐことがよくないことだという罪悪感を持ったりしないようにしていただきたいのです。

簡単に考えていただければ分かることだと思いますが、お金自体はただ単に「精巧に印刷された紙切れ」であり、「精巧に造作された円形の金属」です。

これに人間の欲が絡んでくるからおかしなイメージになるのであり、それ自体はなんでもないただの「シンボル」です。

この「シンボル」自体は無色透明であり、何の意味も持ってはいません。

しかしいったんそれが人の意識を受けると、いろいろな意味を持つようになります。

つまり、お金とはその人の意識を鏡のように映しだす反射物なのです。

納得したくないと思いますが、あえて厳しいことを言います。

もしもお金に対して「汚い」というイメージがあなたの中にあるのであれば、それはあなたの意識の中にそう認識させる「汚れた」ネガティブな意識が多少なりとも存在しているということです。

ただし、「汚い」というイメージを持っているということは、反面としてあなたの中に「綺麗」な部分があるから、それと比較して（自分の心の中を）そう見ることが出来ているのです。つまり本当に心が汚れきった人は、お金についてそういうことを考えること自体をまったくしないものです。

もしもあなたが宇宙から初めて地球に降りてきた宇宙人であれば、お金に対してネガティブな意識も肯定的な意識もまったくなく、単純にお金というものを、物質やサービスに交換出来るエネルギーのシンボルだとしか捉えないでしょう。

つまり、お金というものはその持ち手によって美しくも汚くも無色透明にも……その人の意識状態を見せてくれる鏡であり、エネルギーなのです。

ですから、お金については稼ぎ方ばかりが取りざたされ問題視されますが、意識の反射物なので本当はその持ち方（貯蓄等）や使い方も同様に注目されるべきです。

稼ぎ方については散々あちこちで話題になっていますが、持ち方……つまり散々在庫量（貯蓄額）を抱えているにもかかわらず入ってくるお金をまだまだ在庫に回したりするという行為は社会にエネルギーを流通させないでいるエゴです。

また、お金を使用するという行為でも、衣食住について本当はもう充分であるはずなのに、それ以上にまだまだそこにエネルギーを注ぎ込もうとすることもエゴです。それは立食パーティですでに満腹なのにそれ以上に食べようとしているようなもので、これこそ「多財餓鬼」ということであり、宇宙のバランスを崩しているということなのです。

簡単に言えば、お金を稼ぐ方法、お金を持つ方法、お金を使う方法、そのすべてにその人の人となりが宿るのであり、荒れた稼ぎ方をする人は荒れた持ち方をしますし、荒れた使い方をします。

しかし、心がまっとうな人であればまっとうな稼ぎ方をしますし、まっとうな持ち方をします。そして、まっとうな使い方をするものです。

ですから、あなたがまっとうな稼ぎ方をし、まっとうな持ち方をし、まっとうな使い方をしているのであれば、お金に対して罪悪感や汚れたイメージを持つのは大変な勘違いです。もしもお金に対して汚れたイメージを持っているのであれば、ひょっとしたらあなたの無意識下に荒れた稼ぎ方や、荒れた持ち方や、荒れた使い方への願望が隠れているのかも知れません。

人間とは弱い者です。

しかし、その弱さを直視することが出来るようになると、本当の強さが育つようになります。

お金というものは、荒い波動の持ち主の財布の中にある時は荒い波動を受け続けそれが物質としてのお札やコインに宿ります。そして、次に愛にあふれた波動の持ち主の財布に移動した時には、前者の荒い波動を周囲にほんの少し影響させた後にそこでクリーニングをされ、今度はいい波動を出すようになります。

いずれにしてもこの地球上で生活をする限り、私たちは好むと好まないに関わらず他者の波動とシャッフルを受け、波動の混ざり合いを体験し続けるように設定されているのです。

宇宙はあなたを試している

先ほど私は「宇宙の愛」を持っている人にシンクロニシティが起こると書きました。

そして、「地道な努力」をないがしろにしたり、そこに「信念と情熱」がなければ宇宙のサポートはありませんとも書きました。

宇宙というものは、そんなになま優しいものではありません。

その人の中にある「信念」は本物なのか？　そして、その人の中にある「情熱」は本物なのか？

それらを本人が自覚するために、またそういった信念や情熱がより強い光になるように育てるためにガイドはその人に「お試し」ということをよくやります。

つまり「お試し」には「ふるいにかける」という目的と「自覚を促す」という目的があるのです。

要するに自分の体を使って情熱を持ち地道に努力をする人に宇宙は微笑んでくれるのであり、ノウハウ本を読んだりテクニックだけで「成功」しようとしたりしても、それだけでは本物にはなれないものなのです。

さらに言えば、そういったノウハウ本を書いている人はもちろん成功した人なのでしょうが、その人が成功した方程式を後の人が同じようになぞってみて、それが成功に繋がったという話はほとんど聞いたことがありません。

同じことをしているのに、なぜなかなか成功しないのか？　何回も言っているように、知識を得るだけでは意識は上がらないからなのです。

これは一部の成功本についてのことなのですが、成功したその本の著者は成功した後に自分の軌跡を振り返ってある種の法則を発見し、それを伝えています。

しかしこの法則というものは、その人がその意識に至ったから次の段階として自然にドアが開かれ道が現れたものであり、その意識に至ってない人がいくら同じカタチを模倣してもその意識に至らなければ次の段階のドアは開かないものなのです。

それから、その著者の動機がエゴであるのにそれが成功に繋がった場合は、その人にはその人個人のみに通用する学びのストーリーとして今回の転生でその「成功」を体験したということであり、たとえばこの先失敗し破産することによって初めて欲というものの虚しさを学ぶという展開になるかも分かりません。

また、あとで詳しく説明しますが、他のパターンとして「闇」が特定の人に取り憑き、その人物を「成功のカリスマ」に仕立て上げることもあります。

彼らは「成功のカリスマ」を通じて一般の人の金銭欲を刺激し、低い意識レベルに引き付けて波動の上昇を阻止しようとするのです。

しかし、いずれにしても体験しなければ真の理解には至ることが出来ません。ですから、納得のできないまま無理やり本心を抑えるのではなくて、自分の本音に素直になり、どうしてもやりたいのであれば、自分の中から湧き上がる欲求に逆らわないほうがいいのかもしれません。

第3章

「怪しい」スピリチュアルを見抜く

瞑想

今までしつこく体験がないまま本などから得た知識だけでは、意識は上がらないと言ってきました。同様にこの「知りたい」という動機だけでは、いろいろな瞑想法やヘミシンクにトライをしてもそこから得るものは霊的世界の観察、つまり知識のみであって意識の上昇はありません。

ヘミシンクとは、ヘッドフォンを使い左右の耳から特定の周波数の音を聴くことにより脳波を深い瞑想状態と同様の状態に調整する音響技術です。

これには理論的な背景があるので、私のように左脳系の人間には受け入れやすいテクノロジーで、実際この技術を使ったワークに参加して私の人生は大きく変化しました。

その目覚めの過程を書いたドキュメンタリーが最初に出した『ヘミシンクで起きた驚愕の「前世体験」』なのですが、タイトルに大きく「ヘミシンク」と書かれていたこともあり、私は一時期「ヘミシンクの人」のように見られていました（笑）。

実はこの『ヘミシンクで起きた驚愕の「前世体験」』に関して、書き始めた当初、私はこれを出版する意思はまったくありませんでした。ただ、自分が体験したこの目覚めの過程があまりにも激しく常軌を逸していたので、自分自身への記録と自分の子孫への家宝として残すために書き始めたものです。

変化の真っ最中にあった当時は、その体験のそれぞれに一体どういう意味があるのかほとんど分からずにいたのですが、その後、ワーク等を通じて経験値を積むことにより、ある程度の部分は解明出来るようになってきました。

しかし、それから何年も経過した今の時点でも未だに当時の体験で未解明のものが多数あり、自分自身もあの本に書いた体験の意味をすべて知りたいのですが、一生かかっても解明できるかどうかよく分からないでいます。

ただ、このヘミシンクを聴けばどんな人でも深い瞑想状態が経験でき、なにか変化があるのかというと、そんなことはありません。経験出来る人もいれば、何年聴いてもなんの変化もない人もいます。

私のワークでもヘミシンクをメニューの一部に取り入れているのでよく分かるのですが、こういう変性意識下で見えたり聞こえたりする体験ができないケースは、ただ単に自分の中にリラックス出来ない何らかの抵抗感があることが原因となっています。しかし、たとえそのような抵抗感がある場合であっても、そこに必然性があればシンクロニシティが働き、意識が大きく開かれていくものです。

何回も知識だけでは意識は上がらないと書いていますが、ヘミシンクにもそれは当てはまります。ヘミシンクでの体験は霊的世界の観察に過ぎませんので、それはあくまでも「知識」であって、ヘミシンクだけで意識の向上が得られるわけではありません。

それではなぜ、私に目覚めという体験が起こったのかというと、それは先ほども書いたように、そういう「ブロックの浄化」というタイミングが私に来ていたということであって、ヘミシンクはその引き金になっただけだと自分では思っています。

ですから、ヘミシンクで何も観察することが出来なくても「自分はダメなんだ」という奇妙な劣等感に苛まれる必要はありません。逆に言うとスピリチュアル世界の探究をヘミシンクだけに捕らわれ過ぎる必要もないと私は思います。

ただ、聴くためのコツのようなものは確かにありますので、なかなか経験出来ない場合は、ヘミシンクのベテランやトレーナーがやっている専門のワークやセミナーなどに参加してみるのもいいかもしれません。

また、こういった世界を観察する方法について、ＯＳＨＯの瞑想法やＴＭ瞑想法等、ヘミシンク以外に他にもいろいろと優れた瞑想方法や瞑想会などもありますから、それらを体験してみるのも一つの方法でしょう。

ただ、浄化をおざなりにしたまま能力ばかりを上げようとすると、先ほどサイキックのところでも書いたように闇に入り込まれることもありますし、意識のバランスを崩すこともあり得ます。ですから、あまり無茶はしないように注意してください。

さらに言えば、先ほども書いたようにスピリチュアル世界への探求心が、未知の世界を知りたいという知識欲が動機なのか？　それとも根源の愛が自分の中で高まり、それが動機でスピリチュアルの世界を探求しようとしているのか？

この違いにより、得られるものも当然違ってきますので、本当の自分はどういう動機で何を欲しているのかを冷静に自問する必要があります。

仏に逢うては仏を殺せ

さて、禅の世界でも瞑想中にはヘミシンク同様黄金の仏像が見えたり、さまざまなヴィジョンが見えたりするそうです。しかし、禅ではそれを「魔境」と呼んで一切無視し、その先の究極にある透明な自己のみを目指します。

臨済の有名な言葉に「仏に逢うては仏を殺せ」と言うものがあります。これは先に言ったように修行中には闇や妄想が高次元の存在を名乗り惑わそうとやって来るので、その誘惑に乗ってはいけないという意味です。

これは禅のみにあてはまることではありません。同じ変性意識に入るヘミシンク等でも同様のことはあり得ますし、先ほどの例のようなセミナーでもあり得るのです。

つまり、実際変性意識状態で経験する世界は、必ずしも高次元ばかりということはないのです。いくら自分を防御していても低次元の存在が高次元の顔をして入り込んで来ることもありますし、高次元でも低次元でもない浮遊している意識が自分の変性意識内に入り込んで来ることもあります。

また、自分を律することが出来ていなければ、妄想そのものを高次元だと思い込んではまりこんでしまうケースも多々あるのです。

そのため、自分のエゴが拡大し、精神的に未熟でエゴがコントロール出来ていない場合は「自分は選ばれた人間だ」などと、まさに魔境に捕らわれてしまうこともあります。

実際、私も変性意識下で得たヴィジョンに何か違和感を感じたため、チャネリングのアプローチで自分自身のやり方として最も信頼をしているカードリーディングという手法を使ってすぐに検証してみたことがあります。すると、「Cancel, Clear, Delete（キャンセル、消去、削除）」「Clear Yourself（自分を浄化する）」「Shield Yourself（自分を守る）」の3枚が出てきました。

要約すると「あなたは不純なエネルギーを帯びてしまったのでそれを浄化しなさい。自分を守りなさい」というメッセージで、実際、その時はある人から強い念を受け、その人に有利なヴィジョンを見させられていたことが後に判明しました（本人にはその願望がありましたが、意図的ではなく無意識から来ている念ですので責めるものではありません）。

このように私たちの周りには、自分の妄想も含めていろんな意識が存在するため、「繋がった」とは言ってもそれが必ずしもいい存在だとは言い切れないのです。
ですから、臨済の「仏に逢うては仏を殺せ」という言葉は変性意識になる上では大変貴重なアドバイスだと私は思っています。

ただ、妄想もエゴも含めてではありますが、個人の内面を旅することにより無意識下に抑え込んでいたブロックを思い出し、それが目覚めに繋がっていくということも大いにあり得ます。

上記のことに充分注意していれば、ヘミシンクや瞑想法はやはり有用であると私は思います。

ただしつこいようですが、肉体を伴わない意識体の世界に不用意に入っていくということは、裸で新宿の雑踏に入っていくようなものであることをくれぐれも自覚しておいてください。

そこには善人もいますが悪人もいます。

興味本位のふわふわとした状態で変性意識になることを私はお勧めしません。

感度が高いだけ

先ほどは変性意識の状態について書きましたが、スピリチュアル的に生まれつき感度が高くて人のオーラが見えたり、あるいはチャネリングが出来たりしていたとしても、やはり霊性が高いということと関係はありません。

それはただ単に「感度が高い」だけのことであり、霊性とは無関係です。つまり、生まれつき霊感が高いという人の場合は、ただ単に幽体が大きくて、肉体からはみ出ている体質だということなのです。

私はこの生まれつき感度が高いタイプのヒーラーやチャネラーをたくさん見てきましたが、彼らの中にそれに近い人はいても、「完全」にこの「無償の愛」の意識状態にある人は見たことがありません。

もちろん、私自身もその意識状態にはありませんので偉そうなことは言えないのですが、そのような意識状態に至っていなくても自分のとった行動に自分の感情がどう動いているのかを観察し、評価し、より深い自分に達しようする人は少ないものです。

むしろ、普通の人であれば持ち得ていないその霊的能力があるために、かえって自分を見失っている人もいるのが実は現実です。

つまり、自分が人から認めてもらえる最大の取り柄が「能力」であるため、自分が抱える不安感を打ち消すために「能力」を誇示し、「人に認めてもらおう、人から凄いと言われたい」という依存を形成してしまっている人もいるということです。

そういう人は一般人が感じ得ない、検証出来ないことをいいことに、突拍子もないことを言ったり、現実からはるかにかけ離れた世界を語ったりして（たいていは妄想です）、人から「凄いと言われたい」、「自分をカリスマ視させたい」という欲望に無意識下で取り憑かれている場合が多々あります。

また、相手を引き付けたいという欲求から、「あなたと私は過去世で姉妹だった」などという話をあの人にもこの人にもするという、疑わしいチャネリングを連発する人もいます。

そういった弱さが根底にある場合、ただ単に感度が高いだけの人は容易に外部意識に入り込まれます。

それがいい意識であればいいのですが、先ほども書いたように「魔境」の場合、これは少々厄介なことになります。

予言の真実

代表的な例になりますが、「予言」というものについて、それにどうやって「魔境」つまり闇が関わってくるかを説明します（聖書の預言やネイティブアメリカンの預言については繋がっている相手が高次元ですので、これと同じようには考えないでください）。

これは最近に限らずですが、古くから多くの人たちがある意味魅惑され続ける未来像に「地球滅亡の危機」というものがあります。

これは過去の人類の歴史で幾度となく繰り返され、使い回されてきた「ネタ」なのですが、惑星直列、フォトンベルト、はては彗星激突から宇宙人の来襲まで、こういうたぐいのもっともらしい、でも科学的にどこかおかしかったり検証しようがなかったりする話に人類は幾度となく振り回されてきました。

この振り回される背景には人間（生命）の生命防衛反応というメカニズム……つまり危険を事前に察知したいという本能の反応があります。

また、いわゆる愉快犯的な……本気で信じてはいない興味本位（滅亡説を信じると言いながら満期が10年先の定期貯金を何のためらいもなく続ける矛盾）、そして「こんな汚れた世界は一気に無くなってしまえ」という、世界を少しでも良い方向に持って行こうという地道な努力からの安易な逃避もあります。

これらの弱さを私たち人間は持っているため、過去幾度となくこの手の噂が後を絶たずに流行するわけです。

たとえば「○月○日に巨大地震が来る」などと予言をする人が毎年のように現れます。しかし、本来天変地異についての予言は極めていい加減なものなのです。

ところが前記したように人間には生命防衛反応というメカニズムがありますので、何度騙されても多少なりとも不安にはなってしまいます。

闇はこの「不安」に入り込み、それを増幅させるのです。

人間の不安定な心理……つまり「不安」や「怒り」……それらは元々そんなに強い現実化能力は持ってはいません。

しかし、闇はそれを増大させ、拡散し、あらゆる人に感染させて社会的混乱を招こうとします。

未来というものは本来流動的なものです。

それは無数の選択肢の中からその時の人間の集合意識の波動に合うものが現実化されるということであり、元々「○月○日に巨大地震が来る」などという時間が確定された未来というものはその選択肢のうちの一つに過ぎないのです。

しかし闇は人々の意識の不安に付け込むことにより、逆にそこに意識を集中させ力ずくでそれを現実化しようとします。

ただ、これはご存じのようにほとんど成功したことがありません。

たとえば2011年5月、ハロルド・キャンピングというキリスト教福音派ラジオ局「ファミリー・ラジオ」の局長が、聖書の記述をもとに、5月21日に最後の審判が起きて、地上に残された多くの者は5カ月間苦しんだ後、破滅すると予言し、大騒ぎになりましたが、その予言は外れました。

しかし、彼は性懲りもなく「愛と慈悲に満ちた神は災難で人間を罰する計画を取りやめた」と説明し、再度「当初から予告しているようにその日は10月21日に来る」と言って、それもまた外しました。

またその前には、台湾のWang Chao Hungという人が5月11日にマグニチュード14、高さ170mの巨大津波を伴う地震が来るという世界破滅説を説きました。台湾ではシェルターに避難する人が続出し、台湾軍もヘリを避難させるなどの大騒ぎになりましたが、何も起こりませんでした。

これらの話は笑い話のたぐいかもしれません。

この手のおかしな予言はどうでもいいのですが、これらと地球の来たるべき大変化が同系列で認識されてしまう危険性を私は感じずにはいられません。

ブランドタグを貼り付けたチャネリング

これらの予言について、通常は純粋に危険を感知してそれを公表していることが多いのですが、それは感度の高い人がその敏感さ故に妄想や闇の存在に入り込まれてしまっているだけというパターンがほとんどなのです。

ですから、少なくとも本人は「善意」から世間にその予言を公表しており、逆に言うと「外れるかも知れない」という恐怖を克服して公表しているわけなので、その勇気は凄いものだと思います。

しかしその前に書いた「凄いと言われたい」、「自分をカリスマ視させたい」という欲望をもしもチャネラーが無意識下に持ってしまっている場合、「善意」ではなく、単にその弱さから意図的に自分のチャネリングを権威づけしてしまうことがあります。

たとえば、一般の社会では「私は高名な政治家と懇意の仲だ」とか、「私は有名タレントの○○と友だちだ」とか、自分自身の人間性とはまったく関係ないのに、他者の権威を被って自慢をする人がいます。チャネラーがこれと同様の心理状態、つまり「凄いと思われたい」「自慢したい」という弱さを持っている場合、天使や高次の存在というブランド名を簡単に使ってしまうことがあるのです。

ちなみに私はミカエルやキリストなど、高次の存在と「繋がる」ことが出来るというチャネラーの何人かに、何をもってその意識体をミカエルやキリストだと言っているのかをしつこく質問したことがありますが、納得のできる答えを未だにいただいたことはありません。

だからこそ、ここで先ほど書いた「仏に逢うては仏を殺せ」と言う言葉を思い出していただきたいのです。もしも本当に変性意識下でミカエルやキリストからメッセージを得ているとしても、一体その意識体の何をもってそういった高次元の存在であるかを判断すればいいのでしょう?

本人が名乗ればそれでミカエルなのでしょうか?

また別のシチュエーションで本人がキリストを名乗ればそれでキリストなのでしょう

か？

そういったブランド名を使ったチャネリングの背景に「自分のメッセージに権威づけをしたい」とか、「凄いと思われたい」とかいう自分への甘さから来る妄想が潜んでいないか、チャネラーは常に冷静に判断をする必要があると私は思います。

「自分はパイプ役であって、そのメッセージは自分の言葉ではない」という言い訳は一般社会では通用しません。

高次元からのメッセージであれ、高次元の顔をした低次元に騙されて得たメッセージであれ、チャネリングで語るメッセージのすべての責任をチャネラーは文責として取るべきです。

聖書にはこの世の終わりの前兆としてこのようにイエスの言葉が書かれています。

人に惑わされない様に気をつけなさい。多くのものが私の名を名乗って現れ、自分がキリストだと言って多くの人を惑わすであろう。

——マタイによる福音書・第24章

確かに高次元とこの3次元世界を繋ぐような存在はいます。

しかし、それは元々コミュニケーション手段として言葉ではなく波動を使っているため、波動として個々の分類はあっても、言葉として個々の名前はないものなのです。それを人間が勝手に自分に都合よく名前を解釈しているだけのことだと私は思っています。しかも繋がってはいなくて単なる妄想という場合も多々あると私は推測しています。

たとえばAというチャネラーが「ミカエル」だと認識している存在が実際にいるとして、Bというチャネラーはその存在を「ラファエル」と言うかも知れず、Cというチャネラーはその存在を「アマテラス」と言うかもしれないのです。

さらに厳しい言い方をすると、Dというチャネラーが本当に優秀な場合はその存在を「低次元」と見抜くということもあり得るのです。

プロのチャネラーからすれば、これは私が未熟なだけで、そういった「ミカエル」なりをキチンと認識出来ないからトンチンカンなことを言っていると言われるかもしれません。

しかし、相手が分からないのをいいことにそれらしい言葉を羅列し、都合のいい思い込みだけで高次元の名前のブランドタグを勝手に貼り付けただけのチャネリングはかなり多いと私は思っています。

クライアントがそれらを簡単に信じるということは「純粋」ということなのでしょうが、「純粋」は裏返せば「騙されやすい」ということです。

もしも私が本当にキリストからメッセージをもらったとしても、その場合、私はメッセージだけを伝え、その名前は言わないでしょう。

なぜなら人間の最大の欠点は「依存」だからです。

自分を高めることなく、「高次の存在」に依存をしてそのメッセージばかりを待っていては自分が空っぽになるばかりだからです。

バシャールをチャネリングするダリルアンカ本人も「多元的な自分が言っているのかも知れないし、メッセージ自体が大事なのでバシャールとの交流を信じる必要もない」と言っています。

つまり、チャネリングとはメッセージそのものが大事なのであり、ブランド名に価値を見出すこと自体がすでに「依存」なのです。

実際、人間と古くから関わっている高次元の存在は自分から名を名乗り人間に「依存」

させるようなマネは相手のためにならないので滅多にやりません。

それでも「御神体」や「誰か」にすがろう、寄り掛かろうとする人が絶えないのがこのスピリチュアルの世界です。

しかしそれをいいことに、ますます軽々しくブランド名を使い、妄想の世界で天使ごっこに耽っている人がいるのもこの世界です。

そして、その弱さは闇に入り込まれる弱さでもあるのです。

マザーヒーリングと逃避の世界

さて、先ほど妄想の世界で天使ごっこに耽っている人がいると書きましたが、そういう人はたいていマザーヒーリングを好みます。

先に書いたように、日本の「スピリチュアル」では今はマザーヒーリング……つまり「癒し」ばかりがもてはやされ、自分に厳しく自己の本質を探究しようとするファザーヒーリングはおざなり気味になっています。

しかしこれもまた、意識の向上と言う点から見れば、あまり好ましいものではないと私は思っています。

なぜなら「癒し」の世界とは、ある意味「逃避」の世界でもあるからです。

確かに精神的に傷を負った状態の人にはこの「癒し」は必要です。
現に私も自分のインナーチャイルドのブロックに遭遇し、その痛みに苛まれていた時にはファザーヒーリングどころの状態ではなく、マザーヒーリングのみを欲しました。

しかしその傷が癒えたら、人間は立ち上がって上を向かなければ、そこに生きている意味はないと私は思います。

つまり、マザーヒーリング……「癒し」の世界は確かに必要なのだけれども、人にはそれを必要とする時期というものがあり、その時期を脱したのであれば、立ち上がって外の世界に飛翔する強さを持つことが大事だと思うのです。

しかしながら、今はそれが必要のない状態の人までもが、この「癒し」の世界にはまり込んでしまっているケースが多々あります。

お互いに優しく楽しくあることはいいことだと思います。しかし、ただ単に浮ついた精神状態で「耳に心地いい言葉」や「優しい涙の出る体験」のみにしか興味が向かないということは、韓流ドラマの追っかけのようなものです。つまり、この状態は意識の向上というよりも単なる現実逃避の甘い世界にはまっているだけのことなのです。

しかし、基本的にそういう人たちは優しく穏やかな波動を出していますので、自分の中で「逃避」があることに気が付けば、意識はさらに向上することになります。

ワークの参加者でシェアリングの際にこういうことを言った人がいます。

「私は意識を向上させることがスピリチュアルだと思っています。だから頭の周りに蝶々が飛んでいる人たちとは一線を引きたいと思います」

「癒し」の世界……この状態は露天風呂のぬるま湯に浸かっているということです。

いつまでもそこに居続けていても、それは体がふやけるばかりであり、逃避の世界に住み続けるということは、その人にとって精神の死を意味します。

疲れた体を癒すことが出来たらそこから上がり、ワクワクすることに向かって外の世界に飛び出し、情熱を持って生きることが本来の生命の歓びだと私は思います。

ファザーヒーリング

さて、それでは意識の向上について、ファザーヒーリングであればいいのか？　という質問が来ると思うのですが、単純にそういうものではありません。

なぜなら、マザーヒーリングであれファザーヒーリングであれ、そのどちらか片方だけではアンバランスになるだけのことで、男性性と女性性がバランスよく調和されたところに真の意識の向上があるからです。

今の日本では少なくなりましたが、それでもこのファザーヒーリングというものが意識の向上に絶対的な要素であるということで、やたらと厳しい「修行」を行う人たちがいます。

これはいろいろなケースがあるので、バランスのとれたものもあるでしょうし、アンバランスなものもあるでしょうから一概にどうこうとは言えません。

しかし、好ましくないケースとして見られる典型的なものに、最初の崇高な理念とはかけ離れ、単純に組織と個人のエゴが剥き出しになっているだけの「修行」というものがあります。

こういった場合、その組織のメンバーは「修行」と称して、いろいろと理不尽なことを強制されたり、組織の中で村八分のような目にあったりと、大変苦しむパターンに入ることが多々あり、酷い場合はそこから逃げ出せなくなってしまっている場合もあります。

これはもちろん修行などではなく、「修行」という呪縛をかけられてそれを信じ込んでしまっているが故にいいように利用されたり、幹部のエゴのはけ口になってしまっていたりするだけのことです。

しかし、自分に自信が持てない弱い精神状態でその組織の中のリーダーなりに依存している場合、依存から離れるのが怖くて、苦しくてもそこにしがみつこうとしたりします。

これでは、もちろん意識の向上などはあり得ず、むしろ霊性は低下しますし、逆にカルマを増やすばかりになります。

ファザーヒーリングにしろマザーヒーリングにしろ、エゴがコントロール出来ていなければ、それらにとらわれている集団は容易に暴走していきます。

私の愛読書『アミ　小さな宇宙人』（徳間書店）にこういう一節があります。

「たくさんの人が、精神性をただふくざつな頭脳訓練のことだけだと思い込んでいるんだ。そしてまた別のひとにとっては世の中に背をむけ、苦しみの修行をしたり、禁欲したり、祈りつづけたり、なにかの信仰をもったり……でもただそれだけなんだ。いくらそんなことをしても、もし愛を忘れていたとしたら一文の価値もない。もし、愛があるならそれらを無欲な奉仕に変えるべきなんだよ」

釈迦の悟りの中に「中道」というものがあります。これはバラモンやヨーガでは、断食などの厳しい修行で死者まで出るほどの「修行」をしていたのですが、こうした行き過ぎた修行には何の意味もなく、苦行でもなければ快楽でもない中正な方法で悟りに到達するというものです。

つまり、自分に苛酷な試練を与えたら、その代償に「悟り」が得られるという発想は根本的なところで大きな勘違いをしているということなのです。

もしも神様がいるとしたら、自分の肉体や精神を極限まで痛めつけた人だけにご褒美を与えるということはあり得ず、神様は自分の分身である人間に、自分や隣人を愛し受け入れることを望んでいるはずです。

これはすべての修行に当てはまるものではありませんが、自分の肉体や精神を極限まで痛めつける修行には、実はエゴに振り回されているだけのものもあります。「私はこれほど苛酷な試練を自分に与えているので隣の人とは違う」というアイデンティティを得たいという欲求、そして「だから、自分はそれなりの代償をもらえる価値がある」という悟りとは程遠い現世的な取引感覚がそこに含まれていないか常に検証をするべきです。

サンスクリット語で修行とは「気付き」という意味であり、そこには肉体や精神に苛酷な負荷をかけるというニュアンスはありません。

考えてみればこの地球自体が修行の場という設定の星なので、私たちは生きていく上で人に揉まれることにより自然に学びを繰り返しているのです。

その上でさらに精神を研ぎ澄ますために自分の人生に修行を設定するのであれば、それが本当に自分にとって有益であるのかどうかを深く考える必要があります。

つまり、どこかでそれを取り違え、修行自体が悟りに至る障害物になってしまっている場合もあり得るということです。

「行」とタイミング

これはすべての「修行」にあてはまるものではありませんが、先に「成功の法則」のところで書いたように、一部の「行」については先人が高い意識状態に至った後、自然に「ひらめき」が生まれ、本人はその「行」を行っています。

つまりこれは、その人が一定の意識状態になるのを待って、ガイドなりハイアーセルフがその人に合った「次のドア」を用意するということなのですが、それが誤解されて後に「修行」というスタイルになる場合があります。

ここで私が「誤解」と言う意味は、本来「一定の意識状態に至る」という前提条件があるにもかかわらず、後の人がそのスタイルだけ模倣をしてもそこにあまり意味はないということです。

つまり（あくまでも「一部の行」についてですが）意識状態を伴わないまま、いくらカタチばかりをなぞってもそれは虚しいものであり、その人が一定の意識状態になれば、その人に合った「行」はガイドにより自然に提示されるものなのです。

これはシンクロニシティということであり、それに類したことはスピリチュアルを探求する上では誰にでも起こり得ることです。

私が初めて受けたヘミシンクワークを「行」にたとえてみれば、自分の中で幼稚なものではありますが、無償の愛のような「意識」が高まった時に、自分の家の直ぐ「近所」で、しかも「時間とお金」に余裕がある状況で、そのワークが「開催」されました。

そして、後に自分を「サポートをしてくれる人」までもが、その参加者の中に用意されていたのです。

そういう意味では、この本自体をあなたが手にしているということは、あなたがそういう時期を迎えているのかもしれません。また、購入はしたものの長らく本棚で眠っていたのであれば、読みだした「今」というこのタイミング自体がガイドの計らいなのかもしれません。

これは私のワークに限らずですが、キャンセルが出てキャンセル待ちだった人が参加をしたところ、その人が大きく変化するということもあります。

また、自分でもなぜワークを開催したいのか動機がよく分からないまま直感だけを頼りに主催をしたところ、結果的に自分のソウルメイトが多数集まってカルマの解消が大きく進んだということもあります。

遠方の人が直観に従い地元のワークを待たずに東京のワークに参加をしたところ、そこにたまたま来ていた人と解消しなければならないカルマがあってそれが解消されたということもあります。

また、ワークにはさほど興味が無いのに友人に連れられて来た人が大きく変化するということもあります。

これもまた私の本に限らず起こり得ることですが、読者から頂くメールには本を買おうと思ったけれども1500円が高いなと思い、なにげなくポケットに手を入れたら、そこにあるはずのない1500円分の図書券が入っていたとか、本屋さんの中を歩いていたら前方の棚から『初めてのチャネリング』が落ちてきたとか、そういった不思議な話もよく聞きます。

これらは先ほどから言っているように、宇宙からの波動によりその意識状態になった上でタイミングが来ているということなのです。私がもったいないと思うのは、左脳優位の考え方を持ってしまっている人の場合、明らかにそのタイミングが来ているにも関わらず、「ああでもないこうでもない」と思考をこね回してしまい、「観念のグルグル巻き」になって結果的に直観をゴシゴシと消してしまうパターンが本当に多いのです。

今まではそれをパスしても「次の機会」というものがありましたが、これからはもう「次の機会」が来る前にゲームオーバーになるかも分かりません。

もちろん、いったん目覚めたと言っても、もちろんその程度では「悟り」ではありませんので、それでゴールというわけではないのですが、この地球上で学べる時間はそう長く残されてはいません。ですから、タイミングが来ている人はなるべく勇気を出して直観に従い自分の可能性にチャレンジするほうがいいと私は思っています。

癒しの底なし沼

時代がどう変化して行こうが、人間の精神世界への探究心は意識の上昇意欲と同じく絶えることはありません。

しかしオウム真理教の事件以降、日本人には宗教アレルギーとも言える宗教への拒絶感が拡大してきたため、その探究心の方向が現在ではスピリチュアルの世界へとシフトしているように思います。

そのため、かつては教祖がその世界の主役であったわけですが、教祖は「うさん臭い」と嫌われ、現在ではその主役がチャネラーやヒーラーや霊能力者に移行しつつあります。

そして現在、このスピリチュアルの世界は旧来のような大きな宗教組織のようなものは存在せず、口コミで集まったような細分化された小さなグループという、いわば小党多数の様相になってきています。

しかし、そこに危険性が潜んでいると私は思うのです。

多くの人が宗教を敬遠する理由は、ニュース等でうさん臭い宗教の話題が度々出てくるため、人はそういう宗教団体の教祖に対して拒絶感を持っているからでしょう。しかし、これが「チャネラー」や「ヒーラー」という言葉になると、なぜか拒絶感が消え、安心感を持ってしまう……。

本当に「チャネラー」や「ヒーラー」、そして「霊能力者」はうさん臭くないのでしょうか？

その「チャネラー」の呼び名を「教祖」に置き換えても全然違和感のないケースはないのでしょうか？

先ほど「修行」と称して苦しみの世界を展開してしまう世界観をお話ししましたが、この「修行」する組織が宗教であってもまったく違和感はありません。むしろ、これら厳しめの世界観は宗教として存在する場合が多いと思います。

しかし、先ほど書いたマザーヒーリング系の「癒しの世界」からは宗教色はあまり感じられない……。

ですが、そこに闇が入り込んで来ると前記同様、人はいいように利用されますし、霊性も下降し始めることになるのです。

この「癒しの世界」を形成する人間関係の闇化の推移について、典型的なパターンを上げてみます。

まず、中心に「チャネラー」「ヒーラー」または「霊能力者」がいます。

そしてその周りにクライアントがいます。

初期の頃はこのチャネラー（仮にチャネラーとしておきます）は、大変霊性が高く、本気で周りの人たちの意識の向上のために献身的な努力をしているので信望が厚く、口コミで多数のクライアントがその周りに集まって来るようになります。

その内、クライアント同士も親しくなり、お互いの悩みを打ち明けたり一緒に遊んだりと親密な関係が出来ていきます。

ヒエラルキー（階級）

その後、新しいクライアントがその輪に入るようになるにつれ、お互いの中でリーダーシップを取る人や中心のチャネラーから信頼を得ている人の発言力が強まりだします。そうすると、なんとなくヒエラルキー（階級）が形成されるようになり、その後それは組織という具体的な形になっていきます。

そういう状態でも相変わらず中心のチャネラーは皆の「あこがれの的」的な存在です。そのため、皆の中でこのチャネラーから認めてもらおう、特別に自分が癒してもらおうとするエゴから来る欲求が高まるにつれ、前以上にこの中心のチャネラーを持ち上げたりおべっかを使ったりすることが日常的に繰り返されるようになります。

こうなるともう最初の崇高な意識は脇にまわされるようになり、そのグループの集まりは単なるエゴゲームの場へと堕ちていきます。

そこにヒエラルキーが絡むと、中心のチャネラーに認めてもらうということは「階級の中で上になる」ということなので、その地位を目指して各自の中に競争心が芽生えるようになります。

メンバーの意識が低いままにそのヒエラルキーが形成されると、人間はまるで会社の出世ゲームのように、目前のみしか見えなくなって「上の立場」を求め始めます。

また、上に立つ立場の人間は下の人に対して「指導」という名の特権を持つことになり、エゴをコントロール出来ない弱さから「自分のほうが優越である」という傲慢さを持つ人も出始めます。


つまり、スピリチュアルを探求する者にとって、組織、つまりヒエラルキーの世界を創るということは諸刃の剣なのです。

もちろん組織をうまく運営し、そういった世俗的なことに意識が向かないようにしている団体は多いと思います。しかし組織の形成は、本来の目的である意識の向上から目を背けさせてしまいかねないのです。そして、まったく関係のない目前の地位に関心が向いてしまったり、人間性が伴わない傲慢な先輩を創り出したりする要因になり、逆に意識を下降させてしまう罠になり得るのです。


チャネラーも人間です。

この持ち上げやおべっかが恒常的に繰り返されると、最初は謙遜していても徐々に自分のエゴに負けるようになり、尊大な態度を取るようになってしまう場合もあります。

たとえ尊大な態度を取ることがなくても、周りが自分に依存しているから自分はその地位で輝いていられるので、チャネラー自身がその「依存される」ことに「依存する」ようになり、相互に依存しあう関係が強化されていくようになります（この依存されることにチャネラーが依存している状態を「共依存」と呼びます）。

この時期になると、外部の人はこのグループに対してなんとなく違和感を持つようになり、お互いに傷を舐めあったり、異常に中心のチャネラーを讃えたりすることに対して気味悪く思う人も出始めます。

クライアントの中で冷静さを失っていない人は、そのことに気が付いた時点でそのグループから離れようとします。しかし、チャネラーがすでに「共依存」、つまり「依存される」ことに「依存する」ようになっている場合、このクライアントを離そうとせず、あの手この手で執拗に引き戻そうとします。

また、すでに早い段階でチャネラーが闇に堕ちている場合、「あなた向上のために」という殺し文句で、クライアントと自分の信頼関係を利用し、自分の利益のためにクライアントをマルチ商法に引き込んだり、ワークやセミナーにお金を出させたりしているため、やすやすと顧客を逃すようなことはしなくなります（これは一部の悪質な例を書いているのであり、健全な商品を適正な方法で販売しているケースを指しているものではありません）。

そろそろ怖くなってくるのはこの段階からです。

チャネラーがもしも闇に堕ちきっていた場合、どんな手を使ってでもこのクライアントを引き戻します。場合によっては自分の念の力でその人を不幸にしてでも再び自分に依存させようとすることもあるのです。

グレートマザー

ユング心理学では、人間の無意識の深層にはすべての人が持っている元型と呼ばれる要素があり、そのひとつに「グレートマザー」というものがあるとされています。

この「グレートマザー」とは母性の究極であるわけですが、その表面は子どもを守り育む、包み込むような優しさなのですが、裏面は束縛する、飲み込む、破壊するというダークな面もあるとしています。

つまりチャネラーに母性的な要素が強い場合、そのコントロール下にある場合は包み込み、暖かく癒してもらえるが、いったんそこから離れようとすると、束縛し、逃がさないようにし、最終的には破壊するというダークな面が出てくることもあり得るということです。

こうなるともう最初の崇高な目的は完全に蚊帳の外になってしまっています。

しかし、今までの実績があるし、見た目は前と変わらず、上辺だけは相変わらず愛の言葉や癒しの行為を繰り返すので、そのチャネラーの周りの人たちは霊性が過失され闇に堕ちていることには気付かず低いエネルギーを受け続けます。

外の世界から見ても冷静に判断出来たり直観力の優れた人は閉鎖的で気味の悪いこのグループには近寄らないようになりますが、無防備であったり、癒しの世界に逃避したい人にはそれが見えません。そしていったん癒しの世界を体験してしまうと、それは愛と言う名のドラッグのようなものなので、そこに浸りきって離れられなくなってしまうようになります。

そういうところに先ほどのマルチ商法は付け込んできます。

そのチャネラーは先ほどの「修行」という言葉をうまく利用し、ただ儲けたいだけなのにその販売網の拡大を「自分磨きへのチャレンジ」だのと下の人たちに言い含め、さらに人を集めさせようと利用するのです。

カルトの罠

マルチ商法のあるなしにかかわらず、これがさらに悪化していくとカルトと呼ばれるようになっていきます。

つまり中心のチャネラーが自分を律することが出来ず自分のエゴに負けた場合、必ずと言っていいほど、そのチャネラーの心の裂け目をとっかかりに闇が入り込んでくるようになります。

その結果の行く末はもう皆さんご存じの通りです。

よく、「あんなに頭のいい人が、なぜカルトにはまってしまったのだろう？　よほど世間知らずなのね」と言われますが、そうではありません。

この最初の段階、つまり中心人物の霊性が高く本気で周りの人たちの意識の向上のために献身的な努力をしている段階で、すでにその人を信じ切り完全に依存を形成してしまっている場合、どんなに頭のいい人であっても、容易にその心理状態から脱することが出来ないのです。

これは裏返せば「人を信じ切る純粋さ」であると言えます。しかし、私たちはいついかなるシチュエーションであっても、目前で繰り広げられるドラマに囚われず、冷静にその人となりを評価し続ける努力を絶やしてはいけないと思うのです。

いったん人を信じたら、そこから外れられず再度評価することに罪悪感を持ったり、また今までが大丈夫だったのだからこれからも大丈夫という裏付けのない感覚に流されたりしてはいけません。

特に指導的な立場にある人はしつこく闇に狙われます。

ですから、あなた自身が闇に取り込まれないためにも指導的な立場や「カリスマ」と呼ばれる人に対して評価することを絶やさないようにしてください。また、妙に持ち上げて相手の意識を堕とすことのないように協力をしていただきたいのです。

創り上げられるカリスマ

先ほど、「カリスマ」と呼ばれる人には評価することを絶やさないように、と書きました。しかし実は多くの場合、中心の「カリスマ」と呼ばれる人たちは周りから「創られて」います。

つまり、本人にはその気がないのに周りが勝手にその人を持ち上げ、おだてあげ、図らずも「普通の人」を、闇の世界に持って行ってしまうケースが多いのです。

実際に私が経験した例をお話しします。

こういう本を出し、ワークもしている私は自然に多数のチャネラーと交流を持つようになりました。そういう人たちは、おしなべて高い感性を持っていますし、性格は穏やかで周りとも協調的なので、陰になり日向になりサポートをしていただくこともあり、私としては大変助かっています。

しかし、時々私のことを気遣ってくれるが故のメッセージだとは思うのですが、中にはこういうメールをくれる方がいるのです。

Aさんからのメール「あなたは世界のアセンションのために選ばれた14名の中の1人で私もそのメンバーの1人なのです」。

Bさんからのメール「そなたはシリウス高等評議会から遣わされた母船に乗るコマンドなり」。

Cさんからのメール「あなたはセントラルサンから降りて来たエネルギー体の1人です」。

つまり安物のTシャツを普段着とし、コンビニで海苔弁当にしようかシャケ弁当にしようかと毎回悩んでいる私は、世界のアセンションのための14名の1人に選ばれた後、セントラルサンへ行ってから地球へ降りてきたかと思うと、今度はシリウスの母船に乗ってコマンドをしているという、何とも節操のないちゃらんぽらんな魂ということになります(笑)。

しかし私は、自分のことをよく分かっていますので、残念ながらそれらが全部外れているということを知っているのです。

まさかそういう言葉をその人が本気で発しているわけではないと思いますので、多分リップサービスなのでしょう。しかし、もしもそのチャネラーが本気でそれを言っているとすれば、それは間違ったチャネリングをしているということですし、そのチャネラーは他でもそういうことをしているのか？　と私は疑ってしまうのです。

そして、もしもこれらの褒め言葉を自分に甘い人間に何回も浴びせかければその人は確実に潰れていくでしょう。


いずれにしても、それが相手のためという動機であったとしても、本人が惑わされ堕ちていくようなメッセージは逆に本人を潰すことになるので、軽々しく伝えるべきではないと私は思います。

この例は典型的なものですが、このように闇は人の善意をも利用してやってくるのです。

依存と支配

さて、このようにおだてられ、持ち上げられることが続くとそこにカリスマという象徴が形成されていきます。

これは先ほど書いた癒しの底なし沼の中心になる人もそうです。また、修行系の厳しい世界の中心にいる人もそうなってしまう危険性は充分にあります。

私はカリスマと呼ばれてしまっている中でも良心的な人たちの本音……「どう逃げてもカリスマ視されてしまうので、本当に困っている」という言葉も聞いています。

先ほどからカリスマの危険性について書いていますが、もちろんすべてのカリスマが危険であるということではありません。

しかし、そのカリスマという象徴を求める人の心には確実に危険が潜んでいます。

何故ならその中には必ず「依存」があるので、そういう「人に頼る」という意識を持ち続けるということ……つまり自分の本質の中心に「他者」を入れてしまうということは「自分ではなくなる」ということだからです。

カリスマという象徴的な存在を例に挙げたので、自分を見失うということの分かりやすい例になったと思いますが、私たちは普段からこの「依存」という状態にしょっちゅうはまっています。

これも先ほど書いたように、チャネラーから「ミカエルからのメッセージ」を降ろしてもらえれば、それはその人の中で「絶対に正しいメッセージ」ということになってしまいます。また、優しそうな表情で目の前にいてミカエルからのメッセージを伝えてくれるチャネラーは「凄い人」であり、不安の裏返しで自分を大きく見せたいというエゴが裏に隠れているなんて言おうものなら、「まったくなんという歪んだことをあなたは言うの‼」……と叱られてしまうと思います。

でも、その人はミカエルを確認したのでしょうか？ 確認出来もしないのにミカエルだと言われれば、それをそのまま鵜呑みにするのは知的な判断と言えるのでしょうか？

もっと分かりやすい例を挙げてみましょう。

「この御神体には神の波動が入っている」と言われれば、たとえ１００万円でもそれを購入してしまう人たちがいます。

これが電化製品など、明らかにその人自身がその商品のメリットを確認出来るものであれば、そこになんの疑問も挟む余地はありません。

しかし「神の波動」ということになると、恐らくほとんどの人……場合によっては販売する人自身もその波動を感じられていないかも知れません。

でも買ってしまう……。


この心理の背景にあるものはなんでしょう?

これは「判断の放棄」であり「自分の放棄」です。

自分自身の感覚や知性の判断に自信が持てないから、他人の「言葉」と「値段」に価値を見出し、それに依存をしているのです。

このように多くのシチュエーションで私たちは「自分の放棄」……つまり「依存」を繰り返しています。

スピリチュアルの世界では、「自分の放棄」による「依存」の先に「意識の向上」があると考えているケースもあります。そのためワークやセッションの値段が高ければ、そこに特別な価値があると思い込んでしまうことも多々あります。

これが安価な商品であれば、たとえそれに価値がないとしても「プラセボ効果」(メリケン粉の固まりでも薬だと思えば効果がある）になることもあります。それはそれでいいかも知れませんが、目が飛び出るようなお金を出してそういうモノやセッションを買う場合は、しっかりとそれが本当に自分に必要かどうか、冷静に見極める必要があります。

つまり、「お金」の項で書いた通り、稼ぎ方ばかりでなく「お金」の持ち方、「お金」の使い方にもその人となりは出てくるものなのです。

ですから、金額の大小にかかわらず、値段を基準に価値の有無を決めるのではなく、常に自分の中の叡智を持って判断することが大切だということです。

私は20代の頃、とある宗教団体の本部教会に連れて行かれたことがあります。

その教会はまるでＳＦ映画の宇宙基地のように巨大で金ぴかで仰々しく、床から天井までの距離は数十メートルもあり、そこに入るだけでひれ伏してしまうような威圧感がありました。

しかし、その時私は素直にこう思ったものです。

「この人たちに愛があるのなら、どうしてこれだけのお金を世界の貧困層などに回さないのだろう？」

スピリチュアルは「怪しい」と世間では思われています。
その怪しさを支えているのは一体誰なのでしょう？

本当のスピリチュアルとは、巨大な教会の中にもありませんし、１００万円の御神体の中にもありませんし、ミカエルのメッセージの中にもありません。
それはあなたの魂の中だけにあるのです。

第4章

意識の成長を阻む「闇」の正体

剥がされるヴェール

さて、ここまではこれから最終的なアセンションの時代を迎えるにあたり、終着駅までの途中で停車してしまいがちな各駅についてご説明してきました。

この章から、私たちが乗っている列車を止めたり、ポイントをずらしたり、場合によっては転覆させてしまう「闇」の存在について詳しくお話しをしていきます。

ただその前に、この本に書いてある世界観……つまり「アセンションは近い」ということの感覚について、まだまだ一般社会では受け入れられてはいないということを私は充分自覚しています。

この本を読んでいる方々の中にも、この世界観を大きな変化もなく毎日同じように過ぎていく自分の生活感覚とは切り離し、ＳＦ小説的に別世界の出来事として捉えている方もおられるでしょう。

それは当然だろうと私は思います。

なぜなら、いくら本の中でこういった話が表現されようと、今の私たちの実生活ではほとんど変化というものを感じることが出来ないからです。

また、ワンダラーが増えてきたとか、変化が来るとか言われても、それはチャネラーなりが感じているものであり、それが実感として自分には伝わってこないからです。

これはある意味スピリチュアルに対して疑惑を持つ人が言うように、一部の人が集団催眠状態になって共通の妄想を抱いていると捉えられても仕方のない話だと思います。

しかし、ここでよくよく考えていただきたいのです。

大きな変化が始まるその予兆はもう充分に出て来ているのに、私たちはあえてそこから顔をそむけているということはないでしょうか？

ここで私はフォトンベルトとか惑星直列とか、一見科学的なようで実は全然科学的裏付けがない話を持ち出すつもりはありません。

ただ、社会全体の流れを読んで欲しいのです。

それは私たちのこの時代は、「嘘」というものがつきにくくなってきている……。

つまり、今まで政府なりが隠してきたありとあらゆるヴェールが剥がされつつある時代になってきているということです。

なぜ今、ヴェールが剥がされる時代になってきているのか？

それは真実の姿を私たちは見る必要があるからであり、それらの真実を知った上で、Aの道に進むのか？　それともBの道に進むのか？　という自分の判断を迫られているということなのです。

そして、その判断によって私たちの波動の細分化が進んでいきます。


アメリカからパキスタンに渡っている莫大な資金の一部が、敵であるタリバンに回っているという、なんとも不可解な疑惑が民間ウェブサイトのウィキリークスにより暴露されました。このように、大きな欺瞞や隠し通されてきた真実が簡単に世界中に暴かれるというシステム……つまりインターネットが、なぜこの時期に世界中にここまで世界に浸透するようになったのか？　ということを考えてください。

これは今までのように巨大メディアから流される検閲済みの偏った情報ではなく、インターネットを通じて私たちは世界の真実の姿を知り、その上で自分はどういう世界を望むのか？　ということが問われているということなのです。

たとえば日本では非正規労働者が異常に増え、収入の低さ故に子どもを産むことすらままならない人も出てきている一方で、億ションや高級車が販売好調という現実があります。

この貧富の差の拡大は日本に限ったことではなく、アメリカも含めた世界中で起こっていることであり、そのため２０１１年には世界中で「We are 99%」という大規模なデモが繰り返されました。これは99％の人間が搾取され、１％の裕福層に富が集中するという社会構造への抗議のデモです。その99％の中には努力することなく不平不満ばかりを言うような人もいるでしょう。しかし、世界的に富が一極に集中化し始めていることもまた事実です。

東京で起こった反原発のデモ同様、日本のメディアはこの情報をほとんど報道していませんが、インターネットの世界ではこれらの情報はたくさん流されています。

確かにネット世界の情報は玉石混淆ではあります。しかし今の時代、私たちは自分がしっかりしていれば本当のことを知ることが出来るようになってきているのです。

これは私たちが世界の真実の姿を知った上で自分の立ち位置を決め、どういう波動を出してどういう現実を引き寄せるか？　ということが始まりだしたということなのです。

私たちは今まで間接的な知識としてこの時代の変化を感じていました。

しかし、もうそろそろ直接体験としての変化に私たちはいやがおうでも遭遇し始めることになります。

その時に、あなたはAという道を選ぶのか？　それともBという道を選ぶのか？　好むと好まざるに関係なく、私たちは選択せざるを得ないようになっていきます。

そして、私たちの被っていた「虚像としての自分」のヴェールも今後引き剥がされ、私たちは本物の自分と対峙するようにもなっていきます。

それと真剣に対峙するのか？　それともあくまでも逃避し続けるのか？

この時代に闇が蠢き始めたのには、闇にはそういう変化を促して「引き剥がす」という役割もあるからなのです。

あなたの中の闇も蠢き出す……いやすでに蠢き出しているかもしれません……。

それは変化の前に必ず起こる「闇出し」という前触れなのです。

3つの闇

さて、この本でもすでに何回も登場していますが、スピリチュアルの世界では闇という話題や表現が頻繁に見られます。

しかし、その闇について、今ほど真剣に意識しなければならない時代は過去になかったのではないかと私は思っています。

というのは、今の時代は闇が中世のヨーロッパ以来、かつてないほどの力を持ち、また政治、経済にまで大きな影響を及ぼしているからなのです。

もちろん一般社会にはスピリチュアル的な闇という概念はありません。

しかし、世界の情勢を現実に見えているドラマだけで判断せず、目に見えない「意識」や「霊性」という観点から見てみれば、その姿がおぼろげに見えてくるようになります。

そのことを詳細にお話しする前に、まずはスピリチュアルの世界で語られている闇はまだまだあやふやな概念なので、それをはっきりとさせておく必要があります。

まず、現在語られている闇ですが、私は闇の本質というものを大きく3種類に分けるようにしています。

3種類の闇……それは「人間の心の闇」と、「低次元の闇」そして「宇宙の闇」です。

それ以外に、人が魂の成長を促すためにソウルメイトの協力のもと、あえて闇の世界に堕ちるという、「愛が設定した闇」というものもあります。これは「人間の心の闇」の一部になりますので、これについては後述します。

まず、この3種類の闇について説明します。今までスピリチュアルの世界では闇を細かく分類することなく、「人間の心の闇」も「低次元の闇」も「宇宙の闇」もただ単に闇の一言で一緒くたにしてきました。そのため、今までこの世界に深くかかわってこなかった人には、よく分からない話になっていたのではないかと私は思っています。

結論から言うと「人間の心の闇」と「低次元の闇」「宇宙の闇」はまったく違うものです。まず、「人間の心の闇」は人間の心から生まれるものです。だから、それはたとえネガティブな感情であってもどこかに「救い」があります。

その根本にあるものは、ひとえに「愛されたい、幸せになりたい」という願望です。ですから、これを認め、受け入れることが癒しになるということは前にも触れました。

しかし、「低次元の闇」「宇宙の闇」はまったく別物なのです。

「低次元の闇」は低俗で凶暴ですし、「宇宙の闇」は非常に狡猾で強靭です。

「創り上げられるカリスマ」の項で私は「闇は人を介してやってくる」と書きましたが、ここで言う闇とは「宇宙の闇」のことを指して言っています。

これからもっと詳しく書いていきますが、元々これらの「低次元の闇」「宇宙の闇」には３次元的な力はありません。

つまり、彼らは単なる意識に過ぎず、この３次元とは別の次元（物理学で言う「次元」ではありません）の存在です。彼らは物理的にものを動かしたり創ったりという力を持っておらず、この３次元に直接手を出すことは出来ないのです。

それでは、彼らはどうやってこの３次元世界に手を出してくるのかというと、それは人に取り憑き、その人の意識を支配して、その人に「実行」させるように仕向けて影響を及ぼしてくるのです。

そして、彼らの支配に堕ちると人は魂を明け渡し、ヒトラーのように周りを狂気の世界に引きずり込むようになります。

人間の心の闇

まず一つ目の「人間の心の闇」からお話しします。これは簡単に言うと人間のネガティ

ブな感情全般を指します。無意識下にあるカルマやブロック、そしてエゴがそれにあてはまります

カルマに関してはネガティブなものと、あまり語られることはありませんが、ポジティブなものがあります。ブロックはネガティブな感情です。そしてエゴとは、このカルマとブロックをも生産する誰もが持つ複雑な思考回路ということになります。

これを詳しく説明しだすととてもではありませんがこの本が膨大多岐にわたってしまいますので、このテーマについて今回は私なりの解釈で簡単な解説をいたします。

カルマ

まず、カルマですが、これは主に対人関係で形成された意識の生態系のアンバランスが解消されずに残ったものであると私は解釈しています。

このアンバランスとは、相手との関係で感情のエネルギーバランスがプラスマイナスゼロになっていないために生じているもので、それは執着でもあります。

たとえば、これは『はじめてのチャネリング』にも書いた私の場合のカルマなのですが、

私には中世の時代に審議官としてたくさんの人にいわれのない裁断を下し、彼らを「死」に追いやった前世があります。

ただ、この場合の加害者である私と被害者である人との関係はソウルメイトであり、これは魂レベルではお互いに納得の上で体験したことでした。

しかし、人間である以上、そこに罪悪感や痛みは当然伴いますし、それは無意識下にカルマとして残ります。私からすれば、被害者の方々に何らかの形で償いをしなければ解消しないし、被害者の方々も同様に私から何らかの形で償いを受けないとバランスが戻らないというカルマが残っていたのです。

幸いなことに今という時代は、地球の大変化を前にしてそのカルマの解消の機会がかなりのスピードでもたらされるようになってきています。そのため、このカルマについてはシンクロニシティにより、私が波動チューニングをその人たちにすることによって相手のカルマと自分のカルマを同時に癒すということが出来ました。

ただ、これをもってカルマというものを、俗に言われるように「悪いことをした報い」というふうに捉えるのは正確ではありません。

カルマの解消とはあくまでもアンバランスの是正です。本人が意識している、していないにかかわらず、いったん歪んだ関係性という捻じれたロープが前世からそのまま引き継がれているので、それを真っ直ぐの状態に戻す必要があるということなのです。

要するにこれはエネルギーバランスの是正であって、善悪の問題ではありません。ロープを真っ直ぐに戻すことにより私たちはバランスを取り戻し、より無償の愛に近づいていけるようになるということなのです。

普通の感覚であれば、前世でのカルマが残っている人とそう都合よく会えるものだろうか？　と思われるかも知れませんので、このことを分かりやすく説明します。

まず、この世界というものは個々の魂をデタラメに地球にぶちまけて出来ているものではありません。

「死」というものを「睡眠」に置き換えて考えればよく分かります。昨夜（前世）眠りについて、今朝（今世）起きてみたら、周りが全然知らない人ばかり……という事はあり得ません。昨夜（前世）眠りについて、今朝（今世）起きたら、家族は家族のままですし、友人は友人のままなのです。ただ、ちょっと立場とかは変わっていたりするのですが、いずれにしても転生をしても前世の関係というものはそのまま今世に繋がっているものなのです。

先ほど「立場とかは変わって」と書きましたが、立場が変わるというのには理由があります。たとえば、親が親ばかりを演じていると、物事に対しての見方が一面的になるため、それは好ましくないのです。

ですから、親を演じた次は子どもを演じてみるとか、兄弟になってみるとかいうように、ちょうどサラリーマンの転勤のように立場を変えることで、多面的に物事を捉えられるようになるのです。ですから、魂にとって転生の度に役割が変わるということは普通にあることです。

ブロック

ブロックとは、心理カウンセリングの世界で言うトラウマをも含む無意識下にある「感情のしこり」を指します。

この「感情のしこり」は、大きく言うと無意識下にある過去の執着の残留物です。

一般的な心理カウンセリングでは前世という視点は持っていませんので、今世で形成されたトラウマという見方になると思います。しかし、私がワークで見てきたブロックは、どちらかというと今世よりも過去世に形成されたものが多くあります。

この無意識下にある「感情のしこり」は、それ自体がその人の今世での顕在意識をコントロールしてしまっているものなので、それは癒して消してしまうほうがやはりいいのです。

再度の話になりますが、私には過去世で何回も母親に捨てられたり殺されたりしたブロックがあるため、子どもの虐待等について異常なほどの痛みを感じ感情移入をしてしまいます。

これは自分の世界観の方向を決定づけているものですが、その意識に悲しみの執着というものが混じるとそれは自己愛であり、純粋な愛ではなくなるので、自分としてはなるべく癒そうと努力をしています。

しかし、なかなかそれが癒しきれるものではないので、今でも苦しんでいるのですが、自分でブロックの正体が分かっているだけに、自分の感情の動きを冷静に観察することでは有利になっています。

また、ブロックというものは一つだけということはなく、たいていの場合、無意識下にたくさんあるものです。これもまた私のことで恐縮ですが、カルマとブロックには密接な関係があるという分かりやすい例になるので今からご紹介します。

先ほど書いたように、審議官としてたくさんの人を「死」に追いやった前世がある私は、無意識下の根底に「こいつ（自分）だけは絶対に許せない」という強い自己否定がありました。そのため、顕在意識では「幸せになりたい」と思っていても、無意識下では「絶対に幸せにはさせない」という自己嫌悪があり、意識の向かうベクトルが自分の中で分裂し、それが今世での大きな障害になっていたのです。

このブロックは、昇華するために本当にたくさんのソウルメイトに協力をしていただいてやっと癒すことが出来ました。

ブロックとは自分自身が心の中で手放さないでいる「執着」ですので、自分のみにしか外せないものです。つまり、ヒーラーや心理カウンセラーはいくらその気があってもサポート以上のことは出来ませんし、波動チューニングも含めてそれは簡単なことではありません。また、ブロックが外れるということは意識が変わるということですので、当たり前ですが、外れたという実感が必ず本人に発生します。ですから、外部から外すことが出来ない性質のものを他者から「外れました」と誘導され、「外れたような気になる」というのは妄想であり、外れていないということです。

愛が設定する闇

次に「人間の心の闇」としてのブロックが、ただ単に悪いというものではなく、魂の成長のために設定されることもあるというケーススタディとして、それを簡単に説明させていただきます。

まず、私自身の魂には多くの人と同様にこの地球のアセンションをサポートしたいという目的があります。

ですから、そういう自分になるためには、なるべく強い光を放てるように頑張らないといけません。しかし、そのためには「愛だ、平和だ」という、理想的なお花畑の世界ばかりを転生していても強さというものが育たないのです。

人間の転生をピアノレッスンにたとえてみれば、高音（幸福・光）ばかりを練習していても美しい曲が弾けるわけではありません。低音（不幸・闇）も経験し、感情の可能性として最大限の振幅を受け入れることで、それまでにはなかった自分というものが形成されるようになるのです。

そのこともあって、私は先ほど説明した審議官という仕事を体験してきたのですが、そのような非情な行為をするためには、「人間の心の闇」を自分の魂に刻み付ける体験が前提として必要になります。ですから、その前の何回もの前世で私はソウルメイトの母親に依頼をして捨てられたり、殺されたりという転生を体験してきました。

これは私を捨てた母親にしても、そのため闇に堕ちた私にしても、それはあえてネガティブな体験をするための闇なのであり、その根本的な動機は「愛」なのです。

根本的な動機が魂が成長するための「愛」である場合は、闇は闇であってもそれは「宇宙の闇」でも「低次元の闇」でもなくて、たくさんのソウルメイトの協力があって初めて体験することが出来る「愛が設定した闇」というものになります。

この「愛が設定した闇」を体験するということは、今回のようにアセンションのサポートをする際には必ず必要なことなのです。

なぜなら、人間のアセンションを妨害しようとする闇に対抗するには、当たり前ですが闇を熟知している必要があります。もしも闇の体験がまったくない魂の場合であれば闇を感知することができず、狡猾な闇に簡単に騙されて逆に利用されてしまうことになりかねないからです。

しかし、たとえ「愛」が根本的な動機であったとしても、表層の人生では人の温かさから完全に分離された体験を積み重ねているので、それは自分の魂が強いマイナスの体験をしているということになります。このことは意識の生態系から見るととてもアンバランスな状態です。

そのため、その後の転生ではそのアンバランスからバランスへと同じ振幅で揺り戻しが発生し、結果的に強い光を放つ時を迎えるようになります。

しかし、魂レベルでは覚悟をしていたことなのですが、先ほども書いたようにこのことによって、私は「こいつ（自分）だけは絶対に許せない」という自己否定のブロックや、母性への激しい飢餓感といったブロックを抱えることになりました。

そのブロックを昇華するために協力してくれたのは、そういった過去世から繋がる多数のソウルメイトでした。私は紆余曲折の末、今でもワークスタッフをしてくれている方のヒプノセラピー（前世療法）により、お陰さまでその大きな「自己否定」を解消できたのです。

このようにブロックと一言で言っても、それは百人百様であり、さらにその個々の中にバラエティに富んだブロックがあるので、こればかりはそう簡単には説明出来ないものです。

このブロックの浄化こそが意識の上昇には不可欠なものであることに間違いはありません。しかし、精神状態によってはそのブロックがあるからこそ精神が安定しているという場合もあるので、やみくもに外すことは好ましくありません。

しかし、この先はますます宇宙からの波動により人の目覚めが加速していく時代になりますので、恐らくはほとんどのケースでブロックを外すようにガイドはその人を導いていくと思います。

エゴ

スピリチュアルで言う「エゴ」と心理分析の世界で言う「エゴ」とは、その意味合いが違いますので、まずそのことからお話しします。

スピリチュアルで言う「エゴ」の概念とは難しいものではなく、一般社会で頻繁に使われる「あの人はエゴイスティックな人だ」というような、「自分さえよければ」という思考回路を指します。

一方、心理分析で言う「エゴ」とは「自我」のことであり、前記のような自分勝手という心理をコントロールしようとする機能です。

従ってこの本で触れている「エゴ」とは、スピリチュアルでいう「エゴ」を指しています。

スピリチュアル的な意味のエゴとは、この章に至るまで何回かそのパターンを書いてきました。エゴはブロックやカルマの製造元でもあり、製造後も深い繋がりがあります。後で説明する「低次元の闇」や「宇宙の闇」とも簡単にタッグを組んでしまうという、誠に厄介でかつ誘惑性の強い思考回路です。

このエゴのすべてを一言で表現するということは出来るものではありませんが、アインシュタインはこういう名言を残しています。

「ああ、悲しいかな。エゴと競争心は公共心と義務感より強い。我々が正直に行動するのを許されているのは生まれる瞬間と死ぬ瞬間だけだ」

私たちはこのエゴという思考回路を身に付けているが故に、生涯本当の自分には素直になれないものなのかもしれません。しかし、この思考回路を冷静に客観視出来るようになれば随分と意識は向上するものです。

これは私の勝手な考えですが、このエゴを完全にコントロール出来るようになった時点で人は「悟り」に至るのではないかと思います。

いずれにしても先ほども書いたように、たとえスピリチュアルの世界で指導的な立場にある人でもエゴの呪縛から逃れきれるものではありません。

かく言う私も、エゴをコントロールするどころか自分がエゴを発揮していることにさえ気が付けない有様で、人に指摘されるまでそれが分からず、自分の意志だと思い込んでいたことが、実は「エゴの意志」であったということが多々あります。

このエゴを把握出来ない限り、意識の向上はありません。そして、本物の無償の愛を獲得することも出来ません。また、このエゴを把握することは「低次元の闇」や「宇宙の闇」から自分の身を守るということでもあります。

ですから、私たちは常に自分の意識の動きを観察し、そこにエゴが含まれていないかを検証し続ける努力が必要なのです。

以上、「人間の心の闇」について簡単過ぎるほど簡単に説明しました。

お分かりいただけるように、「人間の心の闇」はその根底に「愛の欠乏感」や「愛の訴求」、「愛に背いた罪悪感」など、根本的には「愛」の価値を認めているが故に、それから離れてしまったことで苦しむという、極めて人間的な感情があります。

ですから、その闇については、優しさへのあこがれというものが含まれています。これは人間が本質的にフラワー・オブ・ライフという調和世界の一員であり、その「意識の生態系」を根底に持っているための救いなのだと私は思っています。

しかし、「低次元の闇」と特に「宇宙の闇」にはそういう救いはありません。

これからその2つの闇について書いていきます。

低次元の闇

さて、「低次元の闇」は生きている人間の中に存在する闇ではありません。かといって宇宙由来のものでもありません。

それは攻撃的だった人間の死後の残留思念や、今現在生きている人から発せられた生霊のような破壊の欲求等、動物も含めた地球生命全般が持つ殺意や怒り、そして憎しみなどのネガティブな意識が持ち主から離れ、ふわふわと「浮遊」しているものだと理解していただければと思います。

チャネラーによってその受け止め方はさまざまですが、多くは「焦げ臭い・生臭い匂い」として感知されたり、黒いオーラとして認識されたりします。

この「低次元の闇」自体は知的にまとまっているわけではありません。それは個々にゲリラ的に存在しているものなのですが、同じ振動数の低い意識同士が集合して「低次元のボール」のような毒性の強いものを形成している場合もあります。

また、少しは知性のあるものもおり、裏は浅いものですが「宇宙の闇」同様自ら天使を名乗るようなマネもしますし、人を陥れるような囁きをすることもあります。

そしてこのエネルギーは、人がネガティブな思念の波動を出すとそれに共振して直ぐにその人に取り憑こうとします。

たとえばAさんが「怒り」を持ったとします。

Aさんの心に芽生えた「怒り」の波動は外部に向かって波紋のように広がり、それは丁度「低次元の闇」にとってはマーキングのような目印になってしまいます。

「怒り」とは低い振動数の意識です。

ですから、同じ低い振動数の意識体である「低次元」は、容易にその振動数と共振……つまりAさんに取り憑くことが出来るのです。

いったん自分が怒りだしたらその怒りがどんどん感情的に増幅され、自分で抑えようとしても抑えられずに、どうにもこうにも手が付けられなくなってしまうということがありますが、これは「低次元の闇」がその人に取り憑いているということです。

しかし、そういった場合でも、普通の人であればなんとかして知性と品性でその感情を抑え込むことに成功し、結果的に「低次元の闇」も離れてことなきを得ます。

ところが、もしも霊的感受性が特に過敏になっている場合や、先ほど書いたようにしっかりグランディング出来ていないふわふわした意識を持っている場合、また著しくその人が絶望感に打ちのめされている場合などには、人間が本来持っている調和の意識の限界点を超える程怒りが増幅し、ついには「防波堤が決壊」してしまうことがあるのです。

過去に幾度となく起こった衝動的な殺人や、いつもは大人しい人が突然、狂気的な行為に走ってしまうという犯罪事件は、すべてではないとしてもこの「低次元の闇」に取り憑かれて起こったものが相当あるであろうことは容易に想像できます。

だからといって、その人に罪が無いということは勿論ありません。

何故なら同じように霊的感受性が過敏になっていても、グランディングが出来ていなくても、また著しくその人が絶望感に打ちのめされていたとしても、「防波堤を守りきる」ということが出来るのが圧倒的多数の普通の人であり、そういう最低限度の意識の強さがあってこその「人間」だからです。

ですから、そういった罪を犯してしまった人間が罰を受けるのは当たり前であると私は思っています。

ただ、これは『ヘミシンクで起きた驚愕の「前世体験」』にも書いたことですが、「死刑」という制度について私のハイアーセルフ（つまり今の私も同意見）は反対の立場です。

「死刑」とは「恨みの発散」であり「復讐」なので、そこに愛はありません。

そういった酷い罪を犯した者までを愛する必要があるのか？　という意見もあると思います。しかし、これは体験すればこそ分かることです。私はワークを通じてたくさんの人の無意識領域に入らせていただいた結果、「人の本質はとても美しい」ということを見てきており、それにはまったく例外はないのです。

ただ、人は自分が持っている本質の美しさをネガティブな「人間の心の闇」で覆ってしまっているため、自分でそれが見えていないだけのことで、特に罪を犯す人間の場合はその闇が大変濃い……つまりとても苦しんでいるのです。


先の本で、当時死刑賛成派だった私は自分のハイアーセルフからこう言われました。

「そんなに犯人を殺したいのならあなたのその手で殺しなさい」

「殺すことを人任せにしておいて、いい加減な理屈を振り回すべきではない」

「もし、殺すことに躊躇する自分がいるのであれば、それがあなたの『神性』である。直観を信じなさい」


神が創ったその美しいものを破壊する権利は人間にはありません。

人間がすべきことは、神が創ったその美しいものを愛することなのです。

ですから、そういった罪を犯してしまった人間を愛するということ……それは自分の犯した罪の痛みを自分の魂に刻み付け、カルマとして深く自覚させる手助けをするということです。

私のハイアーセルフも前記の後、死刑反対派について「人間の犯した罪を簡単に軽減してはならない。鏡つきの独房に入れ、一生自分と向き合わさせなさい」と言っています。

そういう意味で、たとえばアメリカのように恩赦や特赦があってもそうそうは釈放されないような、禁固３００年などの本当の意味での無期懲役という制度は妥当なのかも知れません。

低次元の闇は人が生み出す

話が少々横道にそれてしまいましたが、いずれにしても「低次元の闇」というものがお分かりいただけたと思います。

ここであえて厳しいことを言いますが、読者の方々は「低次元の闇」に気を付けようという気持ちになった（あるいは最初から知っていた）と思います。

しかし、まさか自分の中から「低次元の闇」が生産されているとは思ってもいないことでしょう。

自分を冷静に見るということは難しいことです……実は残念ながら人は誰でもそれを生産しているのです。

もちろんこういう本を手にする人ですから、先ほど書いたような低すぎる意識とは無縁だと思います。しかしこれは私も含めて、人間は自分の見たくない部分は簡単に見過ごしてしまうものなのです。

たとえば、あなたが軽の中古車を運転して交差点で信号待ちをしているとします。すぐ隣に大型の高級外車が止まり、中には仕立てのいい服を着た裕福そうなカップルがいます。

彼らは会話の途中でチラッとあなたの車を2人で見回すように一瞥した後、再び前を見て車を発進させました。

さて、あなたはどう思うでしょう？

下衆な私ならこう思います……「いい車に乗りやがって!!」（笑）

実はもうこの時点で私たちは相手に対して、小さいものではありますが「妬みのトゲ」を刺しているのです。

もちろん自分はもちろん、相手もよほど敏感でないとそのことには気が付きません。つまり出した本人も受けた相手も気が付かないので、世の中は穏便に過ぎているのかも知れません。そのトゲはたいていの場合、その日の内か数日もすれば勝手に外れていくものです。

しかし、たとえばパチンコ屋や殺気立ったバーゲン会場など、そういう欲やトゲがあちこちで飛んでいる場所に長らくいると、かなりのトゲが自分の幽体に刺さることになります。

結果的に私たちは苛立ったり疲れたりしてしまうわけですが、自分にトゲが刺さるばかりではなくて、そういう場では大抵自分もトゲを出しているのです。

つまり、妬み、恨み、怒り、焦り、押し付け、それらの攻撃的な荒い思念は、その場の状況により簡単に自分から発せられたり相手から発せられたりしています。それらが強いものであれば、生霊というものになることもあるし、「低次元の闇」として浮遊するようにもなります。

そして、もしもそれらが巡り巡って「低次元ボール」に吸収されてしまうと、それは恐ろしい犯罪の肥料にもなり得るのです。

これが自分の内側にある意識が外界に反映されるという話の一つの側面です。この説明からもお分かりいただけるように、私たちはなるべくネガティブな意識を持たないようにするほうがいいのです。

これはトゲを作らないという意味でもありますし、波動の低い意識を出して低次元にマーキングされないようにという意味でもあります。

ただこれは「人間の心の闇」を無視しろといっているのではなくて、「それ」があるのに蓋をしていてはなんの解決にもならないので、「それ」を直視する勇気、そして「それ」を受け入れて癒す自分への優しさが必要だという事です。

また、私たちは眠っている間は究極のリラックス状態にありますが、それはある意味深い瞑想状態でもありますので、その状態に限っては外部に対して無防備な変性意識状態になっています。

ですから、睡眠中に「低次元の闇」が自分の意識内に入り込んで来るということはよくあり、そういう場合は「悪夢」として恐ろしい夢を見たりすることになります。

よく、「あんなに恐ろしい夢を見るということは、自分の無意識の中にそういった恐ろしい部分が潜んでいるのだろう……」と解釈されることがありますが、確かにそのようなこともありますが、ただ単に一時的に侵略されているという場合もあります。

また、睡眠中は自分の意識の中にあるネガティブな波動が解放されます。その波動に共振して「低次元の闇」が入り込み、本人の意識とブレンドされた「悪夢」を創り上げることもあります。

しかし逆に、古来より「夢のお告げ」という言葉があるように、そういう状態の時には高次元のほうからも私たちにアプローチし易くなっているため、天啓のようなことが起こる場合もあるのです。

ですから、眠るのが怖いなどという馬鹿げた気持ちにはならないようにしてください。

これは誰もが生まれてから今まで、このような睡眠を取ってきたのであり、朝になって目が覚めたらしっかりと顕在意識が表に出てきて、せっかくの高次元からのメッセージも忘れてしまうし、低次元もどこかに吹き飛んでいるということが普通だからです。

いずれにしても、「低次元の闇」とは私たち人間がネガティブな意識を持ち続ける限り、常にこの世界に供給され続けます。

しかしそれは低俗であるが故に、人間の知性と品性にかなうものではなく、たいていの場合においで取り憑いたとしてもたいしたことも出来ずに自然に離れていく場合が多いのです。

もともと私たちが普通であれば、彼らはなにも出来ません。ですから、気にするということは逆に呼び込むということにも通じてしまいますので、フォーカスするのであれば、低次元よりも高次元にフォーカスするように心がけてください。

ただ、そういう意識体があるということを知っているのと知らないでいるのとは、いざという時の対処の仕方が全然違ってきます。自分の心が暴走してどうにも止まらなくなったり、あり得ないような恐ろしい夢や脅迫的な夢を見た時には、「これは自分ではない何者かの操作である」ということを思い出して冷静さを取り戻すようにしてください。

ここまでが今までのスピリチュアルの世界でおおまかながらも知られてきた「人間の心の闇」と「低次元の闇」です。

しかし、この時代私たちが今最も脅威にさらされているのは「宇宙の闇」です。

これからその「宇宙の闇」についてお話しします。

宇宙の闇

さて、ここから先は今、私たちが最も知らなければならず、最も注意しなければならない「宇宙の闇」についてのお話になります。

まず、「宇宙の闇」は人間を超えていますのでとても頭が良く冷静で、人を騙すことも非常に長けています。そして普通の人であれば、長年付き合っても見破れないほどの詐欺師なみの能力を持っています。

行動は完全犯罪型で、「低次元の闇」をうまく使いこなすということも常にしています。

この「宇宙の闇」は計画的ですので、誰にも気付かれないように人の世界に入り込み、影響を強めていくということもあります。また、社会的に影響力のある権力に取り憑き、世論を力で抑えて世界全体をおかしな方向に向かわせることもします。

基本的にこの「宇宙の闇」には感情というものはありません。ここが「低次元の闇」とは大きく違う点です。しかし、非常に狡猾で頭がいいので、人を欺く時には巧妙に「感情」を使います。

彼らは「愛」という言葉も、「マリア」という言葉も、「キリスト」や「ミカエル」というブランドも簡単に使いますし、人を「癒す」ことさえします。

また先に書いたように、その人の心を操作して実際に光の十字架といったヴィジョンを見せることもあります（これらのチャネリングの一部を言っており、全部を指しているわけではありません）。

そして、時には天使の言葉と顔を使い、人を取り込んで騙し、悪魔のようにひたすら相手を貪り続けます。

つまり彼らには人間のように、「救い」という概念は当てはまらないのです。

それでは彼らはどのようにしてこの世界に入り込んでくるのでしょう？

これは「低次元の闇」も同様ですが、それは人の心の中の弱い部分……つまりブロックやエゴに惑わされてしまった「心の裂け目」や「欲」、「依存」、「逃避」、要するに「人間の心の闇」の波動に共振して入り込んでくるのです。

先に書きましたが、ブロックやエゴに惑わされてしまって低い振動数の意識を持っていると、彼らはその振動をマーキングとして発見します。そしてサメが血の匂いを嗅ぎつけるようにやってきて、それに共振して入り込んでくるのです。

通常、彼ら「宇宙の闇」や「低次元の闇」と繋がることがなければ、人が怒りを持ったとしても、その力は弱いのですぐにその感情は収まり、再び調和が取り戻されることになります。

また、もしもエゴに惑わされて目先の欲に走ったとしても、当たり前ですがまさか地球が滅亡するような事態と引き換えにしてまで儲けたいと思うことは通常はありません。

しかし、この地球は特殊なのです。

何回も書いていますが、「地球は壮大な実験場」です。

ワンネスから分離されているという幻想を持ち、「分離の恐怖」を乗り越えるだけの愛を持つことが出来るかどうかという、非常に厳しい修行の場なのです。


その力をつけるためにはエクササイズが必要になります。

そのため、地球は他の星のように、「宇宙の闇」から守られてはおらず、地球の人間は「宇宙の闇」や「低次元の闇」にさらされ、常に自分の「ブロックやエゴが作る心の裂け目」を試されているのです。


もしも自分をしっかりと保つことが出来ず、自分の中にある「人間の心の闇」に「低次元の闇」「宇宙の闇」が取り憑いてしまった場合、普通の人間であればとても起こせないような酷い無差別殺人が起こってしまうこともありますし、教祖が取り憑かれると、その宗教を狂気のカルト集団として暴走させるようにもなります。

よくカルト宗教で「悪霊が取り憑いたので、それを追い出す」と言って信者に暴力を使い、悲惨な犠牲者が出ることがありますが、これはその犠牲者に闇が取り憑いたのではなく、暴力を使う側に闇が取り憑いているのです。

そこまで行かなくても、先に書いたように彼らは人の心の弱い部分、つまり「楽をしたい」という「逃避」や「依存心」に付け込んで、「癒しの底なし沼」にその人を引きずり込み、いつまでも現実逃避をさせ、自分のために利用するようなこともします。芸能人がそういう被害にあった場合は広く世間に知られることになりますが、こういうことはあちこちで頻繁に起こっていることなのです。

そのこともあって、この本の前半では究極の悟りに至るまでの停車駅を説明し、「低次元の闇」や「宇宙の闇」に隙を与えないように説明をしてきました。

さて、改めて「宇宙の闇」について詳しくお話しします。

この本の最初のほうで説明しましたが、宇宙とは調和そのものです。

人間は酸素を吸い、二酸化炭素を出し、植物は二酸化炭素を吸い、酸素を出す。

人間のホルモンバランスも調和で成り立っています。さらに小さい世界では蟻の社会も調和で成り立っています。

月の引力は地球の海に満ち引きを起こしてナトリウムとカルシウムを撹拌し、海の生命を育んでくれますし、動物が排出する糞は植物の肥料になります。

つまり宇宙の調和とは「パーフェクトな生態系」であり、無駄なものは一切無いのです。エネルギーは綺麗なループを描いており、排出されたものは必ずまた役に立ちますし、死んだものは次の形態へと変化して生命を育むように出来ています。

これは微生物レベルでもそうですし、衛星の軌道や銀河の回転に至るまですべてが調和、つまり「完全な生態系」に満ちているということなのです。

このことをフラワー・オブ・ライフは端的にデザインで表しているわけですが、宇宙という解釈をさらにもっと広く捉えてみると、そこには調和外の存在がいるということが分かるようになります。

ここから先は少し難しくなりますが、「陰と陽」という概念をもとにお話しをしていきます。

陰と陽とは古代中国の時代からの思想で、万物には手のひらと手の甲のように、表と裏、つまり相反する属性が必ずあるというものです。

この陰と陽があるからこそ、混沌とした世界に調和が成り立ち、発展があるのです。このことをフラワー・オブ・ライフを超えて非常に大きく捉え、「調和自体」または「生命自体」を陽と考えた場合、陰としての存在は「非調和」であり、「非生命」になります。この「非調和」「非生命」は「調和を破壊」し、「生態系を破壊」するものです。

これが「宇宙の闇」です。

「宇宙の闇」は私たちが属する調和宇宙、つまりフラワー・オブ・ライフという生態系の外側にいて、常にエネルギーを欲しています。

なぜなら彼らは調和世界から外れているので、生態系というエネルギー循環供給のループがなく、常にエネルギーをどこかから奪い取ってこなければ自滅するからです。

彼らの欲するエネルギーの形態は多岐に渡ります。

具体的に人間が使うエネルギーもそうなのですが、彼らが最も好むのは「生命エネルギー」です。

これは次元の違う世界での解釈がないとやや分かりにくいことなのですが、生命とはエネルギーであり、そのエネルギーもまた宇宙の生態系で調和のループに入っています。

そのエネルギーはたとえ肉体が滅んだとしてもそれ自体が消えることがないので、また次の生命へと形態を変えて営々と流れるようになっています。

そして、その肉体の死期についてもその生命エネルギーは宇宙の調和のもとに時間を決めて生まれてきており、その時期になったらその肉体での生を終え、また次の形態への準備を始めます。


しかし、この生命エネルギーを欲する「宇宙の闇」は、そのループそのものを破壊します。

つまり、死期の時間を決めて流れている生命エネルギーのループを強引に切り、その生命エネルギーをそのまま奪い取るのです。

だから彼らは「人間の心の闇」に共振して人間に取り憑き、利用し、霊性を低下させるばかりか、「低次元の闇」をうまく利用して大量殺人やカルトの犯罪、はては戦争までをも引き起こすのです。

しかし彼らはそこまでしてもエネルギーを安定して得ることは出来ないので、実際の「宇宙の闇」は調和宇宙の外側で生まれてはすぐに消え、激しく明滅を繰り返しています。そのため「宇宙の闇」は生き残るためにこの調和宇宙の中で入り込みやすい地球……つまり実験場のため、容易に「宇宙の闇」が入り込むことの出来るこの星にしつこく手を出してきているのです。

私は前に「闇を受け入れる」と書きましたが、お分かりのようにこれの意味するところは「人間の心の闇」であって、「低次元の闇」や「宇宙の闇」ではありません。

しかし「宇宙の闇」は非常に狡猾ですので、この「闇を受け入れる」という言葉を巧妙に使い、「人間の心の闇」と「低次元の闇」や「宇宙の闇」を区別させず、人間に自分を受け入れさせようとするのです。

宇宙の闇の手口

「宇宙の闇」はありとあらゆる手口を尽くして人に入り込もうとします

たとえばスピリチュアルの世界でよく言われることに「3回ルール」というものがあります。

これは宇宙にはルールがあって、その存在が低次元かどうかを見分けるには「相手の名前を3回聞けば、3回目には本当の名前を言う」というものです。

改めて文章にすることで、すでにかなりの人がお気付きだと思います。

この話は「宇宙の闇」が創り出したデタラメです。

これは私が知る限り英国の有名なチャネラーが言い出したことのようですが、外国人で有名なチャネラーだからと言って、妄信的になんでもかんでも受け入れるのは考えものです。

英国には昔からこの３回ルールという定番の話があります。

それはお伽噺や伝説等でよく書かれている話なので、多分このチャネラーは妄想の上に闇の囁きを聞いたのだと私は思います。しかし、そういった幼稚な話がすんなりと受け入れられてしまうところがスピリチュアルの怖いところなのです。

つまりスピリチュアルではない一般の人が聞けば、「小学生でも何回も嘘をつける。何をもってあなたはそんな馬鹿な事を信じてしまうのか？」と感じるでしょう。その感覚が当たりなのですが、それがなぜか「外国人の有名なチャネラー」が言う言葉であれば、何の疑問もなく受け入れられてしまうのです。

指導的な立場にある人を「宇宙の闇」は狙うと書きましたが、これなどは代表的な例になります。

また、前の本に「私自身はその判断にはまだ慎重なのですが、地球にふり注ぐ光が強まり宇宙的な規模で地球に関心が向けられ始めたため、闇の勢力自体はこの地球からすでに去っており、現在はその惰性が続いている状態だとのメッセージを得ている人も最近は徐々に増えてきています」と書きました。

後にこのメッセージのソースになっている霊能力者の行動を見ていると、その人自身がその時期、闇の世界に取り込まれてそのメッセージを流していることが分かり愕然とし、安易にその言葉を信じてしまった自分を今では反省しています。

このように、「宇宙の闇」は「闇を見分ける」とか、「闇に対抗する」とか、自分が闇なのに人を使って狡猾にデマを流します。そして入り込むターゲットとして狙われるのは、スピリチュアルであろうがなかろうが関係はなく、財界人や学者、政治家等、広く影響力の及ぶ人たちに取り憑こうとするのです。

しかし、その指導的立場にある人や政治家等を信じ、狭視的になってしまっている人間にはそれがなかなか分かりません。

先にも書きましたが、純真ということは裏返せば騙されやすいということです。

純真な人は簡単に闇に取り憑かれた人に利用されます。そこまでいかなくてもエゴが動機で行動をしているチャネラーやヒーラーを簡単に信じ、高額な物を買わされたり、「私はミカエルと繋がっている」と言われれば、疑うことなく簡単にそれを信じてしまったりします。

その程度であれば個人だけのことなので人間社会にとって大きなダメージにはなりません。しかし、先に書いたように「宇宙の闇」はカルト宗教の暴走や戦争も引き起こしますし、財界や政治家をも操る力を持っています。

つまり、自分の中にある「人間の心の闇」をコントロール出来ずにいるということは、知らず知らずのうちに人間が地球の破滅に利用されていくということなのです。

私は先ほど「今の時代は闇が中世のヨーロッパ以来、かつてないほどの力を持ち、また政治、経済にまで大きな影響を及ぼしている」と書きました。

それは今の時代、彼らはもう今までのレベルではなくなってきており、人間に取り憑いて、金融、メディア、エネルギーなどに支配を及ぼし、地球の最終的な大変化を前にいよいよ露骨にその姿を現し始めたということなのです。

闇の拡大

この本で何回も書いていますように、この地球は「壮大な実験場」です。

そしてこれは前作『はじめてのチャネリング』にも書きましたが、いよいよその実験がもうこれ以上続けられなくなってきています。

予定していた変化が近いから自然にこういう事態になってきたのか、それともこの地球と人類が変化しようとしているから実験がもう続けられなくなってきたのか、たまごが先か鶏が先かのような話なのでその本当のところはよく分かりません。

しかし、前作に書いたように、いよいよ世界は「闇の世界」と光の世界への2極化への道をたどり始めました。そしてその後、人間はそれぞれの波動の世界へとさらに細かく分極化していくことになります。

「闇の世界」と光の世界への2極化……これはある意味最初から「お試し」として人間に、そして地球に仕組まれていたことです。

「お試し」とは、先に書いたように、「ふるいにかける」という目的と「自覚を促す」という目的があります。

今回の「お試し」は人類にとっておそらく最大規模の「お試し」であり、自分たちの未来を考えれば開けてはいけないはずの「パンドラの箱」だったのです。

そのため、人間にはその「お試し」に手を出さない「愛と叡智」が与えられていました。

しかし、それにもかかわらず人間は自らの闇……エゴ（欲）に負け、近年ついにその「お試し」……「パンドラの箱」を開けてしまったのです。

その瞬間から世界に、ギリシャ神話の「パンドラの箱」に書かれてある通り……「ありとあらゆる災い」＝「闇のエネルギー」が放たれたのです。

そして今の時代になって、いよいよその「宇宙の闇」は「闇のエネルギー」を使って企業を操り、経済に入り込み、政治をも操り、露骨に私たちを支配し始めています。

そのパンドラの箱……強大な「闇のエネルギー」とはなにか？

それは「核エネルギー」です。

１９４５年、広島、長崎に原爆が落とされ、子どもからお年寄りまで19万人、終戦後も含めると34万人もの人間が大量に虐殺されました。

現代、チェルノブイリ、スリーマイルの原発事故の教訓が生かされないままに再び日本は放射能の汚染に苛まれています。

このエネルギーは利用された後、生態系ではまったく処理出来ない毒性の強い廃棄物を出します。

奇しくもその名前がローマ神話で「冥界を司る神」という語源を持つプルトニウムは、角砂糖5個分で人類全員を殺せる宇宙最悪の猛毒です。プルトニウムの半減期は2万4000年と言われていますが、原発から出た放射性廃棄物が無害になるまでは10万年もかかると言われています。

そして食物や水、呼吸などを通じて体内に取り込まれた放射性物質はA（アデニン）、G（グアニン）、C（シトシン）、T（チミン）といった4つの塩基からなる人間の遺伝子の基本構造そのものを破壊するのです。

どうしようもなく環境を汚染し、人を大量に焼き殺し、遺伝子という生命の基本構造そのものを破壊し、廃棄物は毒性が強く再利用も処理も不可能で10万年も害を残す……。

言うまでもなく、このエネルギーは私たちの生態系とは相容れないものです。

生態系に入らないということは、フラワー・オブ・ライフに示されている調和の世界とは別の世界のもの……。

つまり、このエネルギーはこの世のものではない「闇のエネルギー」なのです。

そして、この闇のエネルギーは人間のエゴに入り込んで欲望を刺激し、世界を侵食し続けています。

「核エネルギー」……

それは大量虐殺のみならず巨大な利権を産み、人の欲望を突き、意識の生態系をも破壊して人間社会に入り込み、巨大化してきました。

今ではマスコミや経済、政治さえも抑え込み、「トイレの無いマンション」と比喩される、この世界の生態系では処理出来ない放射性廃棄物をどうするのかという、まともな人間の懸念を制圧し、日本どころか地球全体の汚染を拡大しつつあります。

このまま毒性の強い放射性廃棄物を増やし続けるということが地球の死を招くというこ

とは誰の目にも明らかです。ところが、現在の産業を維持し続けるという破滅よりも目先の儲けを優先する非論理的な狂気が、私たちの国ではまかり通るようになってしまっているのです。

先ほど私は「人間にはその『お試し』に手を出さない『愛と叡智』が与えられていた」と書きました。

そのことについてこれからお話しします。

何回もお話しししているように、この地球は壮大な実験場です。生態系に代表されるようにその設計図は完璧であり、銀河の中で太陽系が置かれた位置から始まって、地球と月の引力関係、地球の重力、地磁気、氷山と海の水位のバランス、果てはサンゴの産卵と満月のバランスに至るまですべてが美しく配置、計画されています。

これは前の『はじめてのチャネリング』にも書いたことですが、人間はそんな完璧な美しさのステージで分離の体験をしています。

これほど美しいステージが用意されたのは、どんなにネガティブな心を持ったとしても、常に宇宙の真理を身近に感じられるようにという配慮からそう設定されてきたのです。そしてその上で肌の色、人種の違い、宗教や言葉の違い等の分離が設定されているのです。これはひとえに人間がワンネスからの分離という怖れを乗り越え、愛の力を獲得するための配慮ある設定なのです。

計画された民族の配置

しかし宇宙が人間に与えた役割や学びはこれだけではなく、実はもっと綿密に計画や配置がなされています。

今、「配置」と書きました。配置とは、たとえば日本であれば日本、アメリカであればアメリカ、それぞれの土地にはその「土地そのもの」に託された役割に見合った先住民がその土地と同じ目的を持ってそこに配置されているということです。

そして核エネルギーに関してもそれは例外なく当てはまり、そこにはちゃんとその土地に見合った役割を持った民が先住民として配置されていたのです。

その民の役割……それは「決してこのエネルギーを取り出させない」という役割を持って、人間が安易に「お試し」に手を出さないための「愛と叡智」としてその地に配置されてきたということです。

広島、長崎に落とされた原子爆弾はアメリカが開発したもので、その爆弾に使用したウランは、ユタ州、コロラド州、アリゾナ州、ニューメキシコ州の4州にまたがるフォーコーナーズと呼ばれる地方から採掘されています。

その土地には古くからナバホ族、ホピ族等のインディアンが生活していました。

ナバホとは「涸れ谷の耕作地」という意味、ホピとは「平和な人々」という意味です。

特にホピ族は仕掛けられない限り争うということはなく、トウモロコシの農耕を中心とした、名前通り平和な生活を営んでいました。

その土地の地下にウランが眠っていたのです。

もちろん、「たまたま」平和な部族の足元にウランが眠っていたわけではありません。彼らには「人類の叡智」としてその土地を守る役割があり、「人類への警告」としてそこに配置されていたのです。

その証拠に、両方の部族には先祖代々からこういう言い伝えがあります。

ナバホ族の創世神話にはこう書かれています。

「クレッジ（ナホバの言葉でウランのこと）は大地の中に留めておくべきもの」

また、ホピ族では予言という形でこういう言い伝えがあります。

「母なる大地から心臓をえぐり出してはならない。もしえぐり取ったならば、それは灰のびっしりつまった瓢箪と化し、空から降り、やがて世界を破滅に導く。この瓢箪の灰は、恐ろしい破壊力を持ち、川を煮えたぎらせ、大地を焼き尽くし、生命が育たなくなる。そして人々は不治の奇病に苦しむのだ」

さらにホピ族には「太陽をシンボルとする国に灰の詰まったひょうたんが落とされる」

という言い伝えもあり、彼らはそれが世界の浄化の始まりだと言うのです。

彼らの言い伝えはさらに続きます。

彼らは、ホピ族のこの聖地は自分たちだけのものではなく、地球としての聖地であり、これは同じくエネルギーの震源地であるヒマラヤもまた聖地なのだと言います。

そしてヒマラヤにもウランが埋蔵されていることが今では分かっています。

アメリカ政府はその貴重な聖地からホピ族を追い出す代わりに、彼らに仕事を与えるという交渉をしました。

貧しく、戦うことを好まず、無学な彼らにはそれに従うしか生き残る道はなく、こうして強大な力の前にあっさりと言い伝えは破られ、彼らは危険なウラン採掘に従事することになりました。

そして言い伝え通り彼らは後に後遺症に苦しむことになり、日本には灰の詰まったひょうたんが落とされたのです。

先住民に託された人類の叡智はこの例だけにとどまりません。

オーストラリアにはアボリジニという先住民がいます。

現在の説では彼らはおよそ５万年から12万年前からこの地に住んでいると言われており、真偽のほどは分かりませんが、壁画の中には宇宙人を連想させるような人物画も発見されているという先住民です。

先住民であるアボリジニの歴史も、ネイティブアメリカン同様悲惨なものがあります。18世紀後半のイギリスの植民地化計画により、このオーストラリアにはイギリスから大量の流刑囚が移民してきました。彼らはなんと「ハンティング」つまり娯楽として「アボリジニ狩り」を繰り返しました。

その後19世紀になると、今度は開拓地に入り込むアボリジニを英国軍兵士は自由に捕獲、殺害してもいいという法律が制定され、19世紀末にはアボリジニはほとんど絶滅寸前の状態にまで激減してしまったのです。

こうして「人類の叡智」として、土地を守る役割でそこに配置されていた先住民は「近代文明」という人間のエゴによって散々踏みにじられてきました。

このオーストラリアには世界の70％のウランが埋蔵されていると言われていますが、この地に住む先住民のアボリジニにも先のホピ族とまったく同じ言い伝えが存在します。

その伝説は彼らにこう伝えています。

「ウランは虹の蛇の尿である。それは地中に眠る巨大な力の結晶であり、地中になければならない。もしそれを掘り出せばその巨大な力は解放され地上は破壊されるだろう」

この「虹の蛇」とはアボリジニが崇拝するシンボルであり、それは世界を創造した原初の存在であり、現実世界と異世界を自由に行き来する偉大な精霊を意味しているのだそうです。

こうして先住民が言い伝えとして守り続けてきた聖地は、人間のエゴによりことごとく侵略され、ウランという名の闇のエネルギーは封印を解かれ、世界に放たれることになりました。

その後「宇宙の闇」は人の心の弱い部分……つまりエゴを徹底的に突き、この「闇のエネルギー」を成長させました。その結果、ついに１９４５年、「宇宙の闇」は罪のない一般人が普通に生活している2つの都市をまるごと焼き尽くすという、人間の発想にはあり得ない残虐性を見せつけたのです。

そして、ホピの予言によると、「太陽をシンボルとする国に灰の詰まったひょうたんが落とされる」その日から地球の浄化が始まると言うのです。

それでは、この日本……原子爆弾によって悲惨な体験をした私たち日本人は、なぜこの地に「配置された」のでしょう？

結論から言うと、これは日本が霊性という面で世界をリードする役割を持たされているからなのです。

前の本にも書いたように、１９９５年の阪神大震災の時には、他の国では暴動や強奪が繰り返されるような状況下で、私たちの国ではお互いに助け合い励まし合うという民族の徳性が大いに発揮されました。それを再度証明するかのように、今回またも東日本大震災でその特性が発揮されることになり、「クールジャパン」として世界中が日本人のその霊性の高さに驚嘆の声を上げています。

これは土地が狭く、平地が少なく、地震が多く、発展するということが困難と思われるような日本という国土……そんな狭い土地で、調和と協調という特性を最大限に発揮し、世界的な発展を遂げることにより、世界を精神面で引っ張るという役割を日本は持たされているからなのです。

霊性が高いということは「思いやりの愛が深い」ということであり、わが身を犠牲にしてでも人間の発展のために寄与する意識が根底にあるということです。

先に書いた「闇のエネルギー」つまり「核」の恐ろしさを世界に知らしめ、永遠にその闇を地球から葬るために日本はあえて原爆を受けたのかも知れません。

「核エネルギー」は通常の人間であればその恐ろしい破壊力から使うはずのないものです。しかし、人間のエゴに「宇宙の闇」が入り込むとそれをやってしまう……。

通常、宇宙が意図したこの世界のものであれば、最初に書いたようにそれは必ず生態系の中にバランスよく組み込まれるものなのです。しかしＤＮＡという生命の基本構造そのものを破壊し、廃棄物は毒性が強くて半永久的に処理が不可能という時点で、これは私たちの世界のエネルギーではありません。

核エネルギーという闇の恐ろしさを身をもって体験している私たち日本人が、核エネルギーによるさらなる危機を現在体験しているのは偶然ではありません。

この放射能汚染から立ち直ることにより人類をリードし、平和と協調のためにメッセージを出し続ける使命が日本人にはあると私は思うのです。

これらのことから「宇宙の闇」が世界中に影響を及ぼしているとはいえ、なぜこの日本という土地で分かりやすく目立つようになってきているのかということがご理解いただけたと思います。

しかし、ここであえて付け加えさせていただきますが、日本のみが特別だという選民意識的なものは持たないようにしてください。

アセンションの意味がよく分かっている方であれば、初めから充分理解されていると思うのですが、「自分たちは特別なのだ」という意識には奥深くの部分に「自己への不安」が潜んでいます。

つまり、自分に不安があるから何者かに「認定」してもらいたいのであり、それは他者と比較したがる低い意識なのです。

私たちがこれから向かおうとしている世界には他者との比較という思考回路は存在しません。

誰もが同様に価値があり、それぞれの人にそれぞれの役割があるのがフラワー・オブ・ライフとしての宇宙なのです。

ですから、そういった「選民意識」は随分と波動の低いものであることを理解しておいてください。

人類に与えられた大きな使命

さて、そのことも踏まえて、さらによく考えていただきたいのはこの「宇宙の闇」がなぜこのタイミングで活発に活動をし始めたのか？　ということです。

この時代を迎え、地殻が大きく動いて東日本大震災が起こり、その結果、原発までもが破損されました。

その結果、大企業と電力、そして学者やマスコミ、政治家までもが複雑に絡み合うこの日本の闇の利権構造があぶり出されることにもなりました。

その結果、快適な生活を維持するために原子力を使い続けるのか？　それともたとえ生活は不便になったとしても地球と人間の未来を守るのか？　という選択が私たち一人一人にも迫られるようになりました。


これは波動の分極化を前にした意識の２極化の始まりです。

つまり、日本がそのリードの役割を担っているからこその出来事なのです。

これはエゴから成る欲の世界と、地球を存続させようとする世界への分岐です。

前者は現在の欲が優先で地球や子どもたちの未来への思いやりがありません。

後者は愛が優先で自分に不利益があっても地球と未来への思いやりがあります。

今後、世界はこの２極の方向に別れ、徐々に離れていくことになります。

これはいわば大きな波動の引き寄せであり、浄化の始まりでもあるのです。

そういう意味では、今回「宇宙の闇」が露骨に姿を現し始めたことにより、分極化が始まり出しているので、この「宇宙の闇」もまた大きな宇宙の計画の一部であるとは言えます。

しかし、私たちが「フラワー・オブ・ライフ」の宇宙に住んでいる以上、「宇宙の闇」はもともと別世界のものですので、絶対に受け入れてはいけません。

なぜなら、この「宇宙の闇」を受け入れるということは、「フラワー・オブ・ライフ」の宇宙から出ていくということになるからです。

私たちは、この調和宇宙の中にあって、愛を表現するものです。

それが私たち人類全員に与えられている大きな使命であり、そのために私たちは今ここにいるのです。

ですから、どんな誘惑があったとしても本来の自分を見失うことなく、しっかりと自分の足でこの大地に立ち、人に対し、そして地球に対し、思いやりを持ってそれを実践することが私たちの基本的な歓びなのだと私は思います。

私のワークに参加した人で、ヒプノセラピストを目指している女性がいます。

これは彼女の経験なのですが、知り合いの人に練習相手になってもらい、ヒプノセラピー（前世療法）を始めたところ、その人が意外な存在に繋がってしまったというのです。

この先は彼女のブログからの転載です。

＊

昨日の夜、私は本格的にヒプノセラピーを始めるために知り合いの子にまた練習相手になってもらいました。

前世を誘導するために安全な場所をイメージしてもらいました。

しかしその場所が安心で安全というイメージとは違ったので、なぜそのイメージがでてきたのか疑問に思い私は聞いてみました。

その時、光の白い人がそばにいると彼女が言い出しました。

私は少し驚きましたが冷静になって聞いていると、その光の白い人は意味深な言葉を言ったのです。

私がびっくりして聞き返したら、その光の白い人は彼女の奥深くに戻ってしまいました。

それは彼女とつながっている光の存在でした。

私はもう一度詳しく聞きたくて、彼女を深く誘導し、光の人と話しをすることができました。

その光の存在は私にどうしても伝えたかったことがあって出てきたと言いました。

そして、このままでは地球がなくなってしまうかも知れないと危惧をしていました。

私たちにできることは何かと聞いてみると光の存在は言いました。

みんな仲良くすること、相手を尊重すること、物を大事にすること。

特に強調して言っていたのが本当に些細なことを大事にすること。

たとえば煙草のポイ捨てや、物を捨てることで、そこにいる花たちの上に落ちて毒物が地面に染み込み土壌が汚染されてしまう。

ほんの些細なことができていないと、その光の存在は泣いて訴えていました。

＊

私たち人類は長い時間をかけてここまで発展してきました。

しかし、それは本当に発展だったと言えるのでしょうか？

効率を追求する社会で人間性をすり減らし、人として最後の最後まで守らなければならない思いやりの心というものが、人間にはもう分からなくなってしまっているのではないでしょうか？


「発展」とは一体なんなのでしょう？　そして「豊かさ」とは一体なんなのでしょう？

みんな仲良くすること、相手を尊重すること。物を大事にすること。

私たちはそれが一番大切なことだということを知っています。

しかし、私たちは日々の生活で本当にそれを実行しているでしょうか？

なぜ、こんな当たり前のことが私たちには出来ないのでしょう？

この光の存在からのメッセージですが、ワークで大きな変化が起こり本当に宇宙の純粋な存在と繋がったケースでは、すべての人がこれと同じように地球の最終的な危機が差し迫っていることを泣きながら訴えてきます。

そして同時に、私たちが当たり前に持っていなければならない「他者を思いやる心」を早く取り戻して欲しいと言うのです。

宇宙から授かったこの美しい自然を大事に扱うということ。
宇宙から授かった隣人の命を大事に扱うということ。
そして宇宙から授かった自分の命も大事に扱うということ。

私は今まで、たくさんの人の心の本質に入らせていただきました。
だからこそ言えることは、一人一人の心の中は、本当のその奥底は大変美しいのです。
そして、どんなに自分を否定している人であっても、その心の奥底では「幸せになりたい」というささやかな願いを持ち、全身全霊でそのことを祈っているのです。

思い出してください。

なにが本当の幸せであるのか、本当の自分はなにがしたくてここに生まれてきたのかを。

忘れないでください。

私たちに授けられたこの地球が本当にかけがえのない美しい星であることを。

そして私たちは皆が美しく、皆が尊重されるべき命の持ち主だということを。

あなたが授かった命はあなただけのものではなく、宇宙の希望と愛がいっぱい詰まっているのです。

だからあなたはどんなに寂しくても一人ではありません。

彼らはそこにいます。彼らはあなたと共にいて、いつもあなたのことを想っているのです。

もうすでに変化は始まっています。

――あなたの目覚めが世界に幸せをもたらしますように――

最後にホピ族の長老たちが日本の災害に関して全世界に公開したメッセージを掲載させていただき、終わりとさせていただきます。

ここまで読んでいただいて、ありがとうございました。

*

ホピは今、バランスを失ったこの世界で危機に直面した日本の人々のために、そして世界の人々のために祈っている。

現在は、誰もが母なる地球の大きな変化の時のなかにおり、今起きていることはすでにわれわれのエルダーによって以前から予言されていた。

予言も、儀式も、地球のわれわれの聖なる大地が泣いていることを伝えている。

そして子供たちは、彼らの未来のためにホピがいのちのバランスを回復してくれることを求めはじめている。

われわれのエルダーたちは、この幾多の変化のなかをいかに通り抜けるかについて、導きを与えてくれていた。

人類は今すべてのいのちが従うことになる細い道を選びつつあり、われわれはいずれこの日が来ることを知っていた。

ホピとして、われわれは、あなたがこの仲間に加わり、母なる地球とすべてのいのちのバランスをとるための祈りの輪に加わることを求める。

たくさんの祈りをとおして多くの良きハートと共に祈ることで、われわれのエルダーたちが言っていたように、この間に起きた出来事の衝撃を軽減することが出来ると信じている。

ダライ・ラマや世界の人々と共に、日本と地球とすべてのいのちのために癒しを送るための祈りに、われわれはホピとして加わる。

この変化の時にあって、世界のすべての人々に、よりバランスのとれた生き方に戻ることを求める。

ホピは言う。

われわれがこの変化の時を通り抜けていけるための道はあると。

それは、地球を敬い、そのすべてのいのちを敬い、母なる地球の上を優しく歩くことだと。

われわれのハートを未来に繋がるこの細い道の心とひとつにもう一度つなぎ直すことだと。

子供たちの未来の世代のすべてのいのちのために、庭で作物を育て、それに水を与えることで、われらの聖なるいのちを敬い、あなたのハートを母なる地球を讃えるホピに繋ぎ合わせてください。

カワク・ワ　ロロマニ

（ありがとう。未来に良きことが起こりますように）

リーウェイン・ロマイイェステワ

キクモングイ　シュンゴパヴィ村チーフ

（Native Heart. by Kitayama "Smiling Cloud" Kohei　ウェブサイトより転載）

エピローグ † 地球、そして人類の危機が迫っている

お蔭さまで3冊目の執筆を終え、今回協力していただいた皆様に厚く感謝いたします。

前回の本から約2年という歳月がもうすでに過ぎましたが、これは書く題材がなかったからということではありません。

私自身がずぼらであることと、ワークという実際に身体を使って直接人と向き合うことに私は充実感を感じていたので、長らく「書く」という作業を敬遠していたためなのです。

実のところを告白しますと、東日本大震災の直後から、今回書いた、闇を解明する内容について、「今書かなければならない」という必然性は感じていました。そして、自分のためにやるカードリーディングでも、他の事を聞いているのにもかかわらず何度もハイアーセルフからは「Write」というメッセージを出され、早く書き始めるように迫られていたのです。

しかしながら、書き始めると私はそれに深く没入してしまうため、本当に大変な労力を費やすようになってしまいます。そして、先ほど書いたように直接人と触れ合うほうが段違いに相手の意識の向上には効果的であるので、「顕在意識の自分に一番の決定権がある」という屁理屈を使い、約1年近くも逃避していたというのが実際です。

そんな私が今回なぜ書き始めたのか？

それは、私が大変なものを見てしまったからなのです。

本文中に私は自分の『ヘミシンクで起きた驚愕の「前世体験」』について、「何年も経過した今の時点でも未だに当時の体験で未解明のものが多数あり、自分自身もあの本に書いた体験の意味をすべて知りたいのですが、一生かかっても解明できるかどうかよく分からないでいます」と書きました。

そういった、自分で書いておきながらその意味が分からない大きな謎の一つに、こういうものがありました。

ヘミシンクを使い、2020年の未来に行ってその世界を見てくるというセッションの時に見たヴィジョンです。

このセッションで私はおそらく2極化後の地球であろう2つの世界のヴィジョンを見てきています。その片方は平和なもので容易に理解することができるのに対し、もう一つのほうについては、その世界が荒れているのは分かるのですが、それがどういう意味なのかが長年さっぱり分からずにいたのです。

『ヘミシンクで起きた驚愕の「前世体験」』の本文から引用します。

「芝生の上で親子が遊んでいるのが見える。とても平和で穏やかなイメージだ。都会に行ってみることにした。広大な緑地が広がっており，その奥に高層ビルが間隔を置いて立っている。ただ、おかしなことに気が付いた。

まったく人気を感じない。車も人も見えないのだ。地下で繋がっているのだろうか？眼を空中に向けると、妙なものが見えた。浮かんでいるのか、電線のように柱と繋がっているのかよくわからないのだが、前後に電線のような細いパイプが繋がった大きな銀色の単3乾電池のようなものが見える。何だろう？　と思ったら、「エネルギー変換」という答えが非言語で浮かんできた。

今度は開発途上国に行ってみることにした。

具体的な国名のイメージはあるのだが、ここでは伏せておく。

赤茶けた大地が見える。草木はまばらでところどころに粗末な家がある。水の乏しい、砂漠化した灼熱の大地を感じる。ここでもまたおかしなことに気が付いた。

あちこちにたくさんの穴が掘られているのだ。その穴は大小さまざまで、ピラミッドをさかさまにしたような四角錐の形に掘られている。小さいものは車程度の穴、大きいものは甲子園球場ほどの大きさである。なんなのだろう？」


これは私の変性意識下で見てきた範疇のことではありますが、片方の世界はエネルギー変換装置を使い広大な緑地の中に高層ビルが建ち並ぶという理想的な環境であるのに対し、もう片方は砂漠のような乾いた大地に何故か四角錐の形をした穴が大小たくさん掘られているという、荒れていることは分かるけれども、その穴の意味が良く分からない世界を観察したのでした。

そのため、その穴とはなんなのか？　一体どういう意味があってたくさんの四角錐の穴がそこに掘られていたのかが分からず、それは自分の中で長年大きな謎だったのです。
そんなある日の夜、ネイティブアメリカンのことを調べながらネットサーフィンをしていた私は、ある一枚の写真に目が釘付けになりました。
そこにあったのは、まさに先のセッションで見た四角錐の穴の世界とまったく同じ、砂漠化した大地に大きな四角錐の穴が掘られている写真でした。

それはウランの採掘場でした。

つまり私が見てきた世界とは、エネルギーをうまく変換して緑の中で快適に暮らす世界と、砂漠のような赤茶けた世界で処理の出来ない放射性廃棄物を増殖させながら、飽くことなくウランを採掘し続けるしか道がない世界の2つだったのです。

このことが分かった瞬間、私の中でそれまでヴィジョンを通して「知識」として知っていた地球の2極化の未来が、「意識」として会得されることになりました。
そして本当にもう時間は残されておらず、書くことをもうこれ以上先延ばしにしてはおけないという危機感が急激に自分の中から湧き上がってきたのです。

この2つの世界が同じ地球に共存しているのか、それとも違う次元として別々に世界が存在しているのか、このヴィジョンだけでは分かりません。

しかし、本文中に私が書いたように、この核エネルギーの是非がこれからの地球の2極化の分岐点になることは確実なことだと思います。

この本に何回も書いていることですが、人間は生態系の一部です。

そしてその生態系の中にこそ自分自身の生きる歓びの「場所」があるのです。

自分で見たヴィジョンの意味を意識として会得するようになった今、私には地球という星が本当に人間にとってかけがえのない貴重な星であるという実感があります。

土や花を汚さないように丁寧に扱うこと、周りの生命を尊重すること。そしてなによりもフラワー・オブ・ライフの一員である自分を受け入れて愛することこそが、私たちの生きる歓びなのだと私は思います。

天文学に「ゴルディロックスゾーン」と言う言葉があります。

これは「宇宙の中で生存可能な領域」という意味なのですが、地球がいかにこのゴルディロックスゾーンが何回も重なった「奇跡の位置」に存在しているのかをお話しします。

まず、私たちの太陽系は銀河の中心から2／3の距離にあります。

もしも太陽系がそれよりも銀河の中心に近いと放射線が強くて地球の生命は存続出来ません。

そして、もしも太陽系が銀河の中心から遠すぎると地球に重い元素が存在せず、この星に生命は発生出来なかったのです。

もしも太陽系の中で地球が金星の様に太陽に近い場所にあると地表は摂氏480度になり生命は発生出来ませんでした。

もしも地球がもっと太陽から離れていたら、水も二酸化炭素も凍りついてしまい、生命は生きながらえることが出来なかったのです。

もしも太陽系に莫大な引力を持つ木星がなかったら、隕石や小惑星を太陽系外に放り出すことが出来ず、地球は死の星になっていました。

月がもっと小さかったら、地球の地軸が安定せず、気候変化が激しくて生命は維持出来なかった……。

大き過ぎず、小さ過ぎず、月が最適な大きさだから地球の生命は維持出来たのです。

もしも地球自体がもっと大きかったら重力が強くて有毒ガスが地表に溜まり生命は維持出来ませんでした。

そして、もしも地球がもっと小さかったら重力が弱すぎて地表に酸素を保持出来ず生命は誕生することが出来なかったのです。

銀河系の中で、この奇跡の連続が地球を生命の星にしてくれていたということ……

これらの奇跡は「偶然」でしょうか？

「感謝」と言う言葉の反対語は「当たり前」だと言われていますが、まさに地球は「当たり前」にここにあるのではありません。

荒涼とした星が延々と続くこの宇宙の中で、たぐいまれに美しく、生態系の調和に満ちたこの星を私たちの時代に汚染し、潰してしまうということは決して許されないことだと私は思います。

みんな仲良くすること、相手を尊重すること、物を大事にすること。

どうかあなたもこの基本的な想いを持ってください。
そしてまわりに本心からの思いやりを持ってあげてください。

その時は必ず来ます。

そして、その時こそが私たちの新しい世界が開かれる時なのです。

鈴木啓介

■変遷があるため印刷物には載せられないので、私のホームページにて、今現在、私と同じ方向を向いている信頼できるチャネラーさんやヒーラーさんをご紹介しています。

　私の身の周りという範疇内ではありますが、その都度信頼のおける方を推薦するように更新していますので参考にしてください。

鈴木啓介

●ホームページ「Bless the Children」
http://bless-the-children.net/

●著者略歴

鈴木啓介（すずき・けいすけ）
1956年３月生まれ。高校から大学にかけてロックバンドでドラムを担当する。大学時代にはＮＨＫ大阪放送劇団研究生を経て劇団５期会に所属。大学卒業後、工業系商社に就職。外資系化粧品会社を経て、外資系製薬会社に22年間勤務。2007年、『ヘミシンクで起きた驚愕の「前世体験」』（ビジネス社）の本の出版に伴い、自身が主宰してモノリスワークというチャネリングワークを同年より全国主要都市にて90回実施。2008年にはパリ、2011年にはマドリッドでもワークを開催。このワークは毎回満席となり、多数のチャネラーを輩出している。著書としてほかに『はじめてのチャネリング』（ビジネス社）がある。
ホームページ「Bless the Children」http://bless-the-children.net/

魂を磨く　アセンションを阻む闇の手口

2012年4月17日　　　1刷発行

著　者　鈴木啓介

発行者　唐津 隆

発行所　株式会社ビジネス社
〒162－0815　東京都新宿区筑土八幡町5-12 相川ビル2階
電話　03（5227）1602　FAX　03（5227）1603
http://www.business-sha.co.jp

本文印刷・製本／中央精版印刷株式会社
〈装丁〉宮崎謙司（lil.inc）
〈本文DTP〉沖浦康彦
〈編集担当〉岩谷健一　〈営業担当〉山口健志

ISBN978-4-8284-1666-3

ビジネス社の本

はじめてのチャネリング

誰もが持つ「覚醒スイッチ」を押す方法

鈴木啓介

『ヘミシンクで起きた驚愕の「前世体験」』から3年、外資系ビジネスマンが、その後たどったチャネリング体験から、人間の意識に隠された秘密を解き明かす！

四六ソフトカバー
定価１４７０円（税込）
ISBN978-4-8284-1569-7